# Vivendo no mundo dos Espíritos

# Vivendo no mundo dos espíritos



50-04-23-5.000-425.500

Coordenação editorial: **Ronaldo A. Sperdutti**
Capa, projeto gráfico e editoração: **Ricardo Brito | Estúdio Design do Livro**
Imagem da capa: **Davidyuk | Dreamstime**
Revisão: **Sheila T. Fabre, Cristina Yamagami, Rosane Scoss Nicolai e Isabel Ferrazoli**
Impressão: **Cromosete**

**Dados Internacionais de Catalogação na Publicação (CIP)**
**(Câmara Brasileira do Livro, SP, Brasil)**

133.9 Patrícia (Espírito).
P341v Vivendo no mundo dos espíritos / ditado pelo Espírito Patrícia ; psicografado pela médium Vera Lúcia Marinzeck de Carvalho. – São Paulo : Petit, 1993.

**ISBN 978-85-7253-238-9**

1. Espiritismo I. Carvalho, Vera Lúcia Marinzeck de. II. Título.

CDD: 133.9

**Índices para catálogo sistemático:**
1. Romances mediúnicos : Espiritismo 133.9



**Impresso no Brasil**

Prezado(a) leitor(a),

Caso encontre neste livro alguma parte que acredita que vai interessar ou mesmo ajudar outras pessoas e decida distribuí-la por meio da internet ou outro meio, nunca deixe de mencionar a fonte, pois assim estará preservando os direitos do autor e, consequentemente, contribuindo para uma ótima divulgação do livro.

VERA LÚCIA MARINZECK DE CARVALHO

Ditado pelo Espírito PATRÍCIA

# *Vivendo no mundo dos Espíritos*

petit® editora

Av. Porto Ferreira, 1031 – Parque Iracema
CEP 15809-020 – Catanduva -SP
Fone: 17 3531.4444
www.petit.com.br | petit@petit.com.br

CONFORME NOVO ACORDO ORTOGRÁFICO

Livros da médium
VERA LÚCIA MARINZECK DE CARVALHO

**Da própria médium:**

- *Conforto Espiritual*
- *Conforto Espiritual 2*

**Psicografados:**

Com o Espírito Antônio Carlos

- *Reconciliação*
- *Cativos e Libertos*
- *Copos que Andam*
- *Filho Adotivo*
- *Reparando Erros de Vidas Passadas*
- *A Mansão da Pedra Torta*
- *Palco das Encarnações*
- *Histórias Maravilhosas da Espiritualidade*
- *Muitos São os Chamados*
- *Reflexos do Passado*
- *Aqueles Que Amam*
- *O Diário de Luizinho* (infantil)
- *Novamente Juntos*
- *A Casa do Penhasco*
- *O Mistério do Sobrado*
- *O Último Jantar*
- *O Jardim das Rosas*
- *O Sonâmbulo*
- *Sejamos Felizes*
- *O Céu Pode Esperar*
- *Por Que Comigo?*
- *A Gruta das Orquídeas*
- *O Castelo dos Sonhos*
- *O Ateu*
- *O Enigma da Fazenda*
- *O Cravo na Lapela*
- *A Casa do Bosque*
- *Entrevistas com os Espíritos*

Com o Espírito Patrícia

- *Violetas na Janela*
- *A Casa do Escritor*
- *O Voo da Gaivota*
- *Vivendo no Mundo dos Espíritos*

Com o Espírito Rosângela

- *Nós, os Jovens*
- *A Aventura de Rafael* (infantil)
- *Aborrecente, Não. Sou Adolescente!*
- *O Sonho de Patrícia* (infantil)
- *Ser ou Não Ser Adulto*
- *O Velho do Livro* (infantil)
- *O Difícil Caminho das Drogas*
- *Flores de Maria*

Com o Espírito Jussara

- *Cabocla*
- *Sonhos de Liberdade*

Com espíritos diversos

- *Valeu a Pena!*
- *O Que Encontrei do Outro Lado da Vida*
- *Deficiente Mental: Por Que Fui Um?*
- *Morri! E Agora?*
- *Ah, Se Eu Pudesse Voltar no Tempo!*
- *Somente uma Lembrança*

Livros em outros idiomas

- *Violets on the Window*
- *Violetas en la Ventana*
- *Violoj sur Fenestro*
- *Reconciliación*
- *Deficiente Mental: ¿Por Que Fui Uno?*
- *Viviendo en el Mundo de los Espíritus*
- *Fiori di Maria*

Aos meus queridos amigos:

Recebo muitos pedidos para continuar trabalhando na literatura. Embora eu fique emocionada com tanto carinho, peço aos meus leitores que me perdoem por não escrever mais. Tive como tarefa fazer quatro livros,[1] narrar o que vi, o que encontrei e o que senti no plano espiritual. Concluídos esses livros, fui realizar meu sonho, pois quando estava encarnada, estudava, lecionava e queria continuar fazendo isso.

1. Os quatro livros de Patrícia: *Violetas na janela*, *Vivendo no mundo dos espíritos*, *A casa do escritor* e *O voo da gaivota*. Todos editados pela Petit Editora.

Atualmente, moro numa colônia de estudo e não vou ao plano físico, a não ser em raros momentos; quando vou, é somente para rever meus familiares. Meu trabalho não inclui visitar centros espíritas, nem ditar mensagens, escrever livros ou prefaciá-los.

Amo muito vocês que me amam, que gostam do que escrevi, e tenho certeza de que me compreenderão.

Da sempre amiga amorosa,

*Patrícia*

# Sumário

# Prefácio

Desde remotas épocas, a história da humanidade nos traz notícias basicamente de dois tipos característicos de homens: os heróis ou santos, e os maldosos ou trevosos, ambos com os seus consequentes prêmios ou castigos. Os relatores não nos dizem o que acontece com os milhões de homens que vêm, vivem, passam pela Terra e não deixam marcas. Homens cujas vidas se diluíram em meio à vida das multidões. Homens que, com seu trabalho e dedicação, deram aos heróis condições de realizar seus grandes feitos. Homens que vieram e viveram pressionados pela sociedade ou foram praticamente escravizados pelos mais sagazes. Durante estes milhões de anos, a raça humana ainda não exercitou o bem viver, com exceção de uns poucos.

Neste livro, temos na personagem central uma pessoa que bem viveu, quando na sua estada no mundo físico. Muito embora tenha sido uma pessoa comum, sua vida fraterna foi a causa de uma passagem suave e tranquila ao mundo astral, mesmo porque não poderia ser de outra forma. Os leitores terão a oportunidade da confirmação dos encantamentos da vida, acompanhando a personagem, mesmo não sendo esta nem heroína nem santa.

Verão a beleza e a harmonia de viver, quando o homem espontaneamente vai ao encontro da integração cósmica. A vida concede ao seu filho vitalidade, alegria e o amor não contaminados pelas paixões mundanas.

À personagem central, o afeto e carinho daquele que por um período não muito longo foi seu pai.

*José Carlos Braghini*
São Sebastião do Paraíso, MG – 1993

# Capítulo 1

# Novos Amigos

Saturada de entusiasmo e alegria, não dessa euforia passageira que ocasionalmente nos acontece no mundo, mas de um estado permanente que envolve de beleza todas as coisas que vemos e tocamos, com esse estado de espírito apresentei-me ao departamento da escola a que fora destinada. Entrei sozinha, atravessei o pátio e caminhei para o setor onde iria conhecer as orientações do curso que iniciaria. O pouco que sabia desse curso deixara-me ansiosa por fazê-lo. Adentrei a sala onde íríamos ter a primeira reunião do grupo. Passando pela porta da sala de aula, vi que muitos já haviam chegado e fui cumprimentada por todos. Cumprimentos acompanhados de um sorriso franco e de lealdade, que eu tanto apreciava no relacionamento com meus colegas quando estava encarnada. A sala era grande e agradável. As carteiras ou mesinhas eram confortáveis e em cada uma havia uma placa com o nome do candidato. Procurei a minha e sentei-me, aguardando. Logo, todos os alunos chegaram. Não conhecia ninguém, mas todos eram simpáticos, sentia-me entre amigos, não superficialmente, mas entre aquelas pessoas em quem podemos confiar nossas questões mais íntimas. Como é comum em todos os lugares em que a expectativa impera, grupinhos se formaram em sadia conversação.

– Atenção, por favor!

Os três orientadores entraram na sala. Sentamo-nos e ficamos em silêncio.

– Sou Raimundo.

– Sou Isaura.

– Sou Frederico.

Os três instrutores apresentaram-se e ficaram em pé, em frente do grupo. O instrutor Raimundo nos explicou que iria fazer a chamada dos presentes para que todos se conhecessem e, se quiséssemos, poderíamos falar alguma coisa a nosso respeito. Que essa atitude abreviaria o conhecimento uns dos outros, tornando-nos uma família.

Sentia-me cheia de vida e emoção, voltara a fazer o que tanto gostava: estudar e conhecer outras atividades nesta nova maneira de viver. No lar terreno, havia escutado de meus pais muitas explicações sobre a mudança de interesses e necessidades fora do corpo físico, mas minha expectativa era maior agora do que naquela época.

O grupo era de trinta pessoas, dezessete homens e treze mulheres. Começou a chamada, chegou a minha vez.

– Sou Patrícia, desencarnei aos dezenove anos por aneurisma cerebral, estou há seis meses na Colônia. Amo tudo aqui e anseio por aprender.

No grupo, era a que tinha desencarnado mais recentemente e a mais nova em idade. O outro aluno menos tempo desencarnado estava há três anos nessa situação. A maioria estava há bastante tempo no plano espiritual e possuía muitos anos de trabalho.

D. Isaura, senhora portadora de vastos conhecimentos sobre o mundo em que agora estávamos vivendo e que há muito tempo trabalha orientando neste curso, deu-nos, com olhar meigo e aspecto agradável, algumas explicações.

– Este curso é feito de três formas. Os jovens e as crianças maiores têm-no como parte do estudo do Educandário. Os adultos podem fazê-lo de dois modos. Os que não têm conhecimentos fazem-no em período maior: três anos. Os que têm conhecimentos fazem-no em nove meses, como é o caso de vocês aqui presentes.

Frederico e d. Isaura sentaram-se. Frederico era meu amigo e seria nosso instrutor. Fiquei alegre em vê-lo e tê-lo por perto. Raimundo iria responder a algumas perguntas e, sorrindo, falou um pouco de si:

– Estou há sessenta anos no plano espiritual. Quinze anos administrando cursos. Em cada curso que dou aprendo mais um pouquinho. Agora estou à disposição para as perguntas desta turma tão agradável.

Marcela foi a primeira a perguntar.

– Só conheceremos o plano espiritual através de cursos?

– Certamente que não. Muitos o conhecem pelo trabalho. Mas os cursos nos dão conhecimentos mais amplos e completos. – Após uma pausa, nosso mestre continuou de maneira terna: – Vocês vão gostar. Primeiramente, terão aulas teóricas sobre um determinado assunto, depois terão aulas práticas nas quais, em excursões, verão o que estudaram em sala de aula.

"Nessas excursões, não serão só espectadores, mas também atuarão. Trabalharemos onde quer que estejamos. Também visitaremos ambientes projetados e sustentados por espíritos ignorantes e conheceremos ilhas de socorro mantidas por espíritos trabalhadores no bem. Retornaremos aqui para debates e apreciação nos quais todos darão opiniões e sugestões que serão estudadas e que poderão vir a ser utilizadas. As opiniões de todos serão importantes."

Como ninguém perguntou mais nada, d. Isaura deu as explicações:

– Nas aulas, poderão vir vestidos como quiserem. Mas, nas excursões, usaremos uniforme. A veste é importante; para nós é como uma apresentação. Encontrarão os uniformes nos alojamentos. Agora vamos conhecer o alojamento, os quartos destinados a vocês, onde estarão hospedados enquanto estiverem estudando aqui. Durante o curso, entre um assunto e outro, terão poucas horas livres. Serão nove meses sem folgas. Dentro de duas horas iniciaremos o curso, e o primeiro assunto serão as Colônias. Aproveitem essas duas horas para se conhecerem melhor.

Grupinhos se formaram, e os três instrutores saíram. Eles também ficariam alojados em quartos iguais aos nossos e junto com os estudantes.

– Oi, sou Nair. Não conheço ninguém aqui – disse, dirigindo-se a mim, uma senhora de agradável aspecto. – Vim de outra Colônia para este curso.

– Prazer em conhecê-la, Nair. Que tal irmos ver o alojamento juntas?

Sorri, incentivando-a. Também não conhecia ninguém, mas iria conhecer e sentia que gostaria de todos. Nair viera de uma Colônia pequena. Queria, como todos, aprender. Saímos da sala e logo depois estavam os quartos: eram trinta, seguidos. Na porta havia uma plaqueta com o nome de cada participante. Entrei no meu para deixar meus poucos pertences. Emocionei-me, o quarto era lindo. Ali ficaria muitas horas nos nove meses seguintes. Gosto muito de ter um local para orar, meditar, ficar sozinha pensando, para que os conhecimentos adquiridos proporcionem ambiente para minha compreensão espiritual, o que me é fundamental. O quarto era ideal, pintado de amarelo-claro, com cortinas de renda na janela, que dava vista para um jardim todo florido. Estava mobiliado com armário, cama, sofá e uma escrivaninha. Enfeitavam-no lindos abajures e um quadro maravilhoso: uma paisagem com montanha e lago. O banheiro era pequeno, tudo lindo e confortável. Coloquei na escrivaninha as fotos de minha família que trouxera, juntamente com objetos que uso para escrever e estudar. Olhei demoradamente para as fotos; amo os meus familiares e tê-los à vista é muito agradável. Parecia que todos eles me saudavam com carinho e incentivo. Meu pai parecia dizer: "Orgulho-me de você, filha, conhecer, aprender, é ter sempre novas oportunidades". Minha família é minha alegria, juntos participamos da harmonia com o Criador. Guardei as poucas roupas no armário. O uniforme estava dependurado. Eram calças compridas azul-claras, uma camisa azul estampadinha, tendo no bolso meu nome bordado. A camisa dos homens era azul, da cor da calça. Os calçados eram tênis ou sapatos azuis. Confortável e prático, gostei muito. Depois que olhei tudo, saí alegre para o pátio. A turma conversava animada. Estávamos todos juntos. Entrosei-me. Gostei deles. Ao faltar quinze minutos para começar o curso, todos entramos em nossos quartos para ficarmos um pouco a sós.

É difícil descrever o que senti, pois sempre amei estudar, sempre ansiei por aprender. Ali estava para meu primeiro aprendizado em curso intensivo. Sabia muito por livros espíritas como era o plano espiritual, mas, agora, estava desencarnada e veria por mim mesma. Orei e agradeci. Só tinha que agradecer pela oportunidade.

Ao ouvir uma suave campainha, fui para a sala de aula.

Raimundo foi quem nos recepcionou:

– Meus amigos, vamos fazer uma oração pedindo ao Mestre Jesus que seja nosso maior orientador neste curso em que vamos tomar conhecimento do plano espiritual. Que nosso Irmão Maior esteja sempre conosco e que possamos aprender, ajudar, por toda sua duração. Pai Nosso...

Com um sorriso agradável deu sua primeira aula.

## Capítulo 2

# As Colônias

O instrutor Raimundo iniciou sua explanação colocando-nos a par da existência, por toda a Terra, de Colônias Espirituais. São inúmeras pelo Brasil. Colônias são cidades no plano espiritual que abrigam temporariamente os desencarnados, espíritos que estão no rol das reencarnações.

São encantadoras! Em todos os locais em que há as cidades materiais há um espaço espiritual e nele ficam os Postos de Socorro e as Colônias. Pequenas localidades de encarnados, como vilas e cidadezinhas, também têm seu espaço espiritual, só que às vezes não têm Colônias e seus habitantes, ao desencarnar e se tiverem condições, vão para as Colônias vizinhas.

As Colônias podem ser pequenas, médias, grandes e de estudos.

As Colônias de Estudo são somente uma escola ou universidade. Nelas há alojamentos para os professores e para os alunos, salas de aula, bibliotecas e imensas salas de vídeo. São locais que estudiosos sonham em conhecer e morar.

As outras Colônias têm as bases iguais, são fechadas, há portões, sistemas de defesa, grandes hospitais, escolas, jardins, praças, locais para reuniões e palestras, e a governadoria. Não são iguais e nem poderiam ser. São todas belas, oferecendo muitos atrativos.

Vimos filmes sobre Colônias, primeiramente as muitas do Brasil, depois as principais do exterior. A Índia e o Tibete têm Colônias encantadoras, de uma arquitetura diferente, em que usam muito a cor dourado-clara. São belíssimas.

A aula teórica foi realmente interessante. Perguntou-se muito, e os instrutores respondiam com prazer.

– Quem fundou as Colônias? – quis saber Marcela.

– Cada Colônia tem seus fundadores. São grupos de espíritos construtores que vieram para o Brasil com os imigrantes. Assim como foram formadas as cidades na Terra, foram fundadas também as Colônias. Há Colônias no Oriente, com milhares de anos. Vivemos em grupos, os mais adiantados ajudando os mais atrasados, sempre perto uns dos outros. Por isso cada cidade na Terra tem seu núcleo espiritual correspondente.

– Antes de o Brasil ser colonizado não havia Colônias? – perguntou Luís.

– Não como estas. Havia, sim, núcleos espirituais, nos quais os orientadores do Brasil já planejavam a colonização, protegiam e orientavam seus habitantes, os índios.

– Um espírito pode entrar numa Colônia, tentando enganar? – indagou Luíza.

– Nunca soubemos de um acontecimento deste tipo. Ele entraria para fazer o quê? Ele próprio se sentiria mal por não estar no seu meio. Se quisesse espionar, o que veria não poderia copiar. Não conseguiria enganar, pois sua maneira de viver difere da nossa. Quase todas as Colônias, as cidades espirituais, estão situadas a uma certa distância vibratória do orbe terrestre e, não comparando com as medidas físicas, ficam dentro da quarta dimensão vibratória, a partir da nossa querida Terra.

– Se uma cidade material fosse destruída, a Colônia também acabaria naquele espaço? – Ivo perguntou, curioso.

– Não acabaria. Se a cidade dos encarnados não fosse reconstruída, a Colônia mudaria para outro local.

– As Colônias também crescem? – Glória indagou.

– Sim, dependendo de suas necessidades, são ampliadas.

– Prevendo um acontecimento desastroso na cidade material, as Colônias se preparam para receber os abrigados? – James indagou.

– Certamente, como também os Postos de Socorro da região. Mas, para não provocar pânico e preocupação entre seus habitantes, esse preparo é feito horas antes.

Começou a aula prática. Fomos primeiramente excursionar em nossa Colônia, que eu já conhecia[2]. Mas foi, como sempre, emocionante passear por lá. Uma festa para meus olhos e meu espírito. E agora, com o primeiro grupo de colegas de estudo, as maravilhas que conhecia pareciam se renovar aos meus olhos. Tal qual a mãe que não se cansa de olhar e admirar o seu rebento amado. O grupo alegre inteirava-se de tudo, vimos as praças, os jardins e prédios, conversamos agradavelmente com o responsável pela Colônia, seu governador, que nos incentivou com palavras amáveis. Ao visitar o hospital, conversamos com os doentes, tentando passar-lhes a alegria que sentíamos. Ajudamos na limpeza e na alimentação dos pacientes.

As Colônias têm um perfeito intercâmbio umas com as outras e com os Postos de Socorro a elas subordinados.

Frederico nos explicou:

– Agora, vão conhecer a Escola de Regeneração. São poucas as Colônias que têm essas escolas. Destinam-se aos irmãos trevosos, para se recuperarem. É preciso

2. Em meu primeiro livro, *Violetas na janela*, descrevi bem a Colônia onde estou e, de modo geral, todas as Colônias. Neste livro, para não ser repetitiva, descrevo-as superficialmente. (Nota da Autora Espiritual)

esclarecer que há uma grande diferença entre espíritos trevosos e espíritos necessitados. Em nossos Centros Espíritas normalmente se socorrem espíritos necessitados ou ignorantes. Trevosos muito pouco vão à Terra, não se interessam pelos encarnados por achá-los ignorantes e inúteis, certamente há algumas ressalvas. Esses irmãos dedicam-se quase sempre a reinar em seus domínios no Umbral. Há poucos Centros que se dedicam a doutrinar essa classe de espíritos, pois eles dão muito trabalho. Eles se realizam no mal e é no mal que querem viver; desprezam qualquer atitude fraterna, cultivando o egoísmo. Dominam e são dominados, não há liberdade. Nesses domínios há os julgadores e os vingadores em nome de Deus. Esta escola foi fundada para receber esses irmãos.

A Escola de Regeneração é muito bonita e fica dentro da Colônia São Sebastião. É cercada, e só é possível entrar e sair por um portão. Nela, estão localizadas as salas de aula, os alojamentos, tanto para os professores como para os alunos, uma biblioteca bem equipada, uma sala de vídeo pequena onde há televisão e filmes sobre diversos assuntos. Há o refeitório, sala de palestras, salas de assistências, uma enfermaria e a diretoria. Nos fundos, um pomar e plantações de cereais, local ocupado para terapia dos alunos. No centro, um lindo jardim com muitas flores e bancos.

Os professores, além de serem bons, no sentido fraternal, têm profundos conhecimentos para lidar com os irmãos que lá são abrigados.

O curso é intensivo, com aulas de moral cristã, alfabetização e educação. Os alunos usam uniforme e só saem da escola após terminado o curso; nem às outras partes da Colônia vão. Ao concluí-lo, escolhem uma ocupação ou reencarnam. É um lindo trabalho e tem dado excelentes resultados. Infelizmente, para esses irmãos há muito tempo no erro e nas trevas, é necessário um local apropriado para que recebam orientação de modo especial.

Conversamos com alguns alunos que há algum tempo estavam na escola, todos se mostravam contentes; disseram amar a escola e os professores e que estavam aproveitando bem as aulas que recebiam.

É um grande trabalho de regeneração!

Fomos excursionar em outras Colônias. Viajamos de aerobus. Visitamos uma Colônia média em tamanho. A Colônia do espaço espiritual da cidade de Ribeirão Preto. É linda! Muito florida e sua biblioteca é enorme. Foi maravilhoso visitar esse local de pesquisa que é sua biblioteca, encantei-me com seus livros antigos e com os vídeos da formação da Terra. Possui três hospitais grandes e muitas praças. A parte infantil, o Lar da Criança, é muito ampla e bonita.

Na aula teórica, havíamos pedido para visitar a Colônia Nosso Lar.

– Meu sonho – disse Luís, entusiasmado – é, desde encarnado, conhecer a Colônia Nosso Lar e, se possível, ver André Luiz.

Chegou o tão esperado dia, fomos visitar a Colônia Nosso Lar, no espaço espiritual da cidade do Rio de Janeiro. Acho que quase todos os espíritas sonham em conhecer essa Colônia, a primeira a ser descrita pela psicografia aos encarnados. Fomos muito bem recebidos. Ficamos hospedados por dois dias em uma de suas escolas. Conhecemos todos os seus mais importantes parques e bosques. Realmente, Nosso Lar é magnífica! Emocionei-me ao ver tantas belezas. No segundo dia, à tarde, tivemos a grata alegria de conhecer o escritor André Luiz. Reunimo-nos em um dos seus salões para palestras. Há vários nessa Colônia. O salão é redondo, o palco tem a forma de meia-lua, as poltronas também são arredondadas. O salão todo tem várias tonalidades de amarelo. Muito bonito e diferente. O auditório lotou, vários grupos em excursão estavam ali com a mesma finalidade. Disseram-nos que André Luiz, sempre que possível, atende a pedidos como este, de excursões de alunos que querem conhecê-lo. Luís não conseguiu parar de sorrir.

– Que ventura! Realizo meu sonho! Sou fã desse escritor desde encarnado!

André Luiz apresentou-se com simplicidade e naturalidade. É como certas pessoas que olhamos e achamos superagradáveis. Cumprimentou-nos, sorrindo.

– Pensei que fosse diferente! – exclamou Ivo. – É tão simples que nem parece ser tão conhecido por todas as Colônias do Brasil e por todos os espíritas!

D. Isaura olhou para Ivo, pedindo silêncio. André Luiz falou, com voz forte e tranquila, que era somente um simples estudante em fase mais adiantada e que somente ficou conhecido por ter tido a oportunidade de ditar os livros que foram psicografados, descrevendo o plano espiritual.

Para ele o mais importante era que todos os que ali estavam, querendo estudar, aprendessem a ser úteis com sabedoria. Em seguida, fez uma linda oração. Durou a reunião vinte minutos. Admiradora da dupla André Luiz e Chico Xavier, foi um prêmio escutá-lo e vê-lo.

Passamos por uma das Colônias da cidade de São Paulo. Ao todo são três grandes. Encantamo-nos com seu tamanho. E como tudo é bem dividido! Passamos também por Brasília. Colônia nova, bem distribuída, moderna e maravilhosa. É uma das mais belas Colônias do Brasil. Suas praças e jardins são fabulosos e há muitas flores do plano superior perfumando o ar, encantando a todos.

No roteiro de nossas visitas constavam duas Colônias de Estudo. Agora era minha vez de ficar radiante, pois essas Colônias exercem sobre mim delicioso fascínio. São somente para estudos e oferecem meios espetaculares de passar conhecimentos aos seus alunos.

– Ei, Patrícia – falou Nair –, aposto que você logo que possível irá para uma Colônia de Estudos.

– Sim – respondi sorrindo e sonhando –, se for possível irei estudar em uma!

As Colônias são realmente maravilhosas. Por mais que procuremos descrevê-las, não conseguimos transmitir a beleza que vemos. Também cada descrição é narrada por alguém que, por afinidade, fala do que mais gosta. Murilo, um colega amante da natureza que ama a Botânica, disse que, se tivesse oportunidade, narraria as belezas e variedades das plantas e flores. Talvez eu tenha mais facilidade para descrever locais de estudo. Amo aprender.

Voltamos entusiasmados à sala de aula, repletos de ânimo e disposição. As opiniões foram calorosas. Não houve sugestões, mudar o quê? Tudo era perfeito!

Foi sugerido que cada um comentasse o que viu e sentiu na excursão. Na oportunidade, falei encantada das salas de vídeo, que já descrevi no livro *Violetas na janela*, da Colônia de Estudos. Seus assuntos são completos. Vê-las e fazer uso dessas salas é sonho de qualquer aprendiz. As Colônias de Estudos têm nomes bonitos e sugestivos. Também falei entusiasmada da oportunidade que tive de conhecer uma sociedade perfeita, regida pelo amor e pela fraternidade.

– Bem, todos gostaram, isto é bom, porque nos próximos assuntos não verão somente maravilhas. E o trabalho fará parte das excursões seguintes – falou d. Isaura carinhosamente.

## Capítulo 3

# Abrigo Caridade e Luz

— Postos de Socorro – disse Raimundo – são locais em que os espíritos socorridos têm permanência transitória, são amparados e orientados, têm liberdade de escolher o caminho a seguir. Se adaptados à nova vida e despertos a crescer, vão estudar nas Colônias de que necessitam. Se ficam inconformados e revoltados, retornam ao lugar de onde vieram. Esses Postos também são chamados de casas, mansões, abrigos, colônias etc. São locais menores de socorro na crosta e no Umbral. Podem ser grandes, médios ou pequenos. Não são cidades, embora haja algumas que têm todas as repartições de uma.

– Têm também quem os administre? – quis saber Ilda.

– Certamente. Nos Postos reina a harmonia e a disciplina. Há uma pessoa responsável e um grupo de orientadores que auxiliam nessa administração.

– As casas transitórias, ou rotatórias, ou giratórias, são Postos de Socorro? – indagou Luís.

– Sim, esses abrigos localizados dentro do Umbral locomovem-se, conforme as necessidades, para outros locais dentro do próprio Umbral. São Postos de Socorro.

– Que são realmente os Postos de Socorro? – indagou Luíza.

– São abrigos temporários, onde ficam hospedados os irmãos necessitados e onde eles são tratados com todo carinho em suas enfermidades e necessidades. Depois, esses irmãos são conduzidos às Colônias. Porém, muitos deles ficam, quando sadios, nos Postos servindo à comunidade que os abrigou.

Indagamos muito, vimos filmes diversos sobre Postos de Socorro. Chegou a hora de visitá-los.

Frederico nos apresentou um chinês chamado In-Al-Chin.

– Este é um amigo que nos acompanhará todas as vezes que sairmos em excursões.

Ficamos quietos, mas as indagações ferviam em nossos cérebros; Zé não aguentou e perguntou:

– Por quê? Há algum motivo para termos tão agradável companhia?

O chinês sorriu suavemente, e Frederico respondeu:

– Nunca houve nessas excursões de estudo um acidente desagradável. Tem razão, Zé, há um motivo para este companheiro estar conosco. Temos em nosso meio Patrícia, que, quando encarnada, foi Espírita, e seu pai é um doutrinador, dirigente de um Centro Espírita. Como todo aquele que acende a Luz incomoda os irmãos ignorantes das trevas, por cautela, In-Al-Chin nos acompanhará. Nosso amigo trabalha na equipe de desencarnados deste Centro Espírita, é muito experiente. Nutre muito carinho por Patrícia e trabalhou espiritualmente ao lado dela, quando estava encarnada. Querendo vê-la sempre bem, fará companhia a ela e a nós todos nas excursões, que serão para Patrícia as primeiras. A mãe de Patrícia teme represálias a ela pelo trabalho que seu pai faz; ela pediu e, para tranquilizá-la, foi atendida por este amigo que fará parte de nossa equipe.

Pensei: "Tomara que não fique como minha ama-seca".

In-Al-Chin sorriu de forma encantadora e disse:

– Espero não ser importuno. Meu objetivo é ajudar e aprender. Embora tenha vindo para estar perto de Flor Azul de Patrícia, quero ser amigo de todos.

Fiquei vermelha. A turma gostou da ideia dele. Rodearam-no.

In-Al-Chin é sereno, doce, estatura média, veste uma túnica clara e um gorro. Muitos espíritos gostam de continuar se vestindo como faziam quando encarnados.

Nunca vi um espírito esclarecido com roupas extravagantes. São simples, vestem-se como gostam. Espíritos orientais vestem-se normalmente com túnicas, ou seja, como se vestiam quando encarnados. É como gostam de estar. In-Al-Chin sorri sempre, demonstrando muita tranquilidade e felicidade. Dirigia-se a mim só como Flor Azul de Patrícia. E Zé indagou:

– Por que a chama de Flor Azul de Patrícia?

– Porque tem os olhos mais azuis que já vi, também porque são doces e tranquilos, como duas flores a enfeitar quem a olha.

Como seu nome é de difícil pronúncia e como só se dirigia a mim assim, nós o apelidamos de Flor Azul, cognome que o deixou contente. Ele disse:

– Nada mais bonito que ser comparado com uma flor!

O primeiro Posto que visitamos fica no Umbral mais ameno. Fomos de aerobus. Vimos pedaços do Umbral, que descreverei quando formos visitá-lo. O que sabia dos Postos e o que vi na aula teórica deixaram-me curiosa em saber como é esta parte do plano espiritual.

Um portão grande e pesado foi aberto, entramos. d. Isaura exclamou, comovida:

– Estamos no Abrigo Caridade e Luz!

O aerobus parou no pátio, descemos. O abrigo parece um ponto de luz, de claridade, na neblina escura do Umbral. É um ponto de amor! O Posto tem forma arredondada, no centro há uma praça com um lindo chafariz. Possui muitas árvores e flores parecidas com as que existem na Terra. Na entrada, logo depois do portão, vemos canteiros de rosas coloridas muito bonitas. Por todo o Posto há vasos grandes com florzinhas perfumadas e delicadas, vermelhas. Lindas!

É cercado por altos e fortes muros e tem um excelente sistema de defesa. Nair, vendo tudo, exclamou:

– Este Posto deve incomodar. Não pode ser bem visto por aqui.

Raimundo sorriu e nos esclareceu:

– Nós, os que caminhamos no bem, não atacamos irmão nenhum, nem suas cidades ou abrigos. Os ignorantes trevosos nos atacam e, se pudessem, destruiriam este abrigo e todos os Postos de Socorro. Sim, incomodamos. A maioria dos moradores do Umbral não quer socorro por aqui.

A diretora do abrigo veio nos receber com muito carinho. Conversávamos contentes, quando se aproximou de mim um trabalhador do Posto.

– Você é Patrícia, a filha do Senhor José Carlos?

– Sou.

Sem que eu esperasse, tomou minha mão, beijou-a e me entregou um buquê de flores.

– Muito devo a seu pai. Agradeço a ele por seu intermédio. Obrigado! Pensei em ajudá-la, mas como não necessita de ajuda aceite este presente.

Fiquei sem jeito e por momentos não soube o que fazer. Todos observavam a cena. Rápido, pensei no que meu pai faria diante deste acontecimento. Sorri e o abracei.

– Que bom ver amigos aqui! Como está o senhor?

– Agora bem, graças a Deus. Trabalho aqui – disse com orgulho –, isto devo a Deus e a seu pai. Fui socorrido e orientado por ele.

– Alegro-me em saber.

O senhor ficou emocionado, enxugou as lágrimas e se afastou. D. Isaura aproximou-se e disse:

– Não se acanhe, Patrícia. É comovente ver pessoas gratas. Quem faz, para si faz. Seu pai o ajudou sem esperar recompensa. Mas ele, esse trabalhador, aprendeu bem e é grato. Ficou feliz em vê-la e em poder agradecer. Agiu certo, filha, devemos ser gratos e receber com carinho as gratidões!

Um trabalhador mostrou-nos o alojamento. Iríamos ficar hospedados por três dias e não sairíamos do Posto. Acomodaram dois em cada quarto. Fiquei com Nair. Esta amiga é curiosa e observadora, revirou o quarto.

– Esta cama é sua, esta é minha. Será que iremos dormir mesmo?

– Como nos foi dito, aqui talvez necessitemos de descanso, porque neste trabalho doa-se muita energia.

O quarto era simples, sem enfeites, com a janela dando para o pátio e possuía banheiro, pois, às vezes, quando nos alimentávamos, tínhamos necessidade de usá-lo.

Fomos chamados para conhecer a parte externa do abrigo. É todo pintado de branco, suas janelas têm formato das janelas antigas, são grandes e trabalhadas. No Umbral, fora do abrigo, a temperatura estava fria; no Posto estava amena, agradável. Há um sistema parecido com um aquecedor central que controla a temperatura ambiente, para que seus abrigados não sintam frio ou calor. Nós não sentimos as mudanças da temperatura, porque aprendemos a nos controlar. Para os que sabem, a temperatura está sempre amena. Andando pelo Posto, parece que estamos dentro de uma grande construção com seus prédios separados por pequenos pátios. Fomos à torre da guarda. Leonel, um rapaz que estava no controle, mostrou-nos tudo. O sistema é perfeito. Pelos aparelhos da torre eles sabem quem se aproxima do Posto. Tudo é televisionado. Da torre controla-se todo o sistema de defesa.

– O abrigo recebe muitos ataques? – indaguei.

– Uma média de três por mês – Leonel respondeu atencioso.

– Já ficou com medo de algum? – perguntou Zé.

– Há seis meses, reuniram-se em um grupo grande do Umbral e nos atacaram com força total. Cercaram-nos e tivemos que colocar todos os nossos lança-raios em ação. O pessoal do abrigo concentrou-se em oração. Receei por momentos e achei que teríamos que pedir auxílio a outros Postos. Mas tudo deu certo, não conseguiram nem se aproximar muito do abrigo.

– Você fica aqui o tempo todo? – quis saber Luíza.

– Fazemos horário de rodízio. Amo esta torre.

– Tudo aqui parece complicado – disse Luís.

– Não, tudo é simples, embora perfeito.

Há uma tela, parecida com televisão, que mostra todo o muro.

– Aqui – mostrou Leonel –, por este aparelho vejo quem se aproxima do abrigo, a três quilômetros.

– Que faz quando está sendo atacado? – indagou Glória.

– Primeiro dou o alerta ao abrigo, depois coloco em funcionamento os aparelhos de defesa que atiram cargas elétricas.

– E isto? Que tem aqui? – perguntou Luís, mostrando alguns objetos pequenos diante de uma televisão ligada à imagem de um senhor lendo o Evangelho.

– Isto é espionagem – Leonel respondeu sorrindo. – Alguns irmãos trevosos, curiosos para saber o que se passa e como é aqui, colocam em irmãos que serão socorridos estes aparelhos de escuta, como botões, anéis, cintos, amuletos etc. Observem bem.

Observamos sem pegar.

– Que incrível! – exclamou Glória.

– Apreendemos estes apetrechos e os colocamos na frente desta televisão. Está sintonizada num canal em que se leem os Evangelhos diariamente. Os escutas ouvirão um pouco do que tem o livro e verão somente o que se passa na televisão.

Conhecia este canal, é de uma esfera superior onde leem e explicam o Evangelho; é bastante visto por toda a Colônia. Mas as perguntas continuaram. Cida indagou:

– Não é possível ficarem alguns destes aparelhos nos socorridos?

– Não, porque eles trocam de roupas e são banhados aqui, mas, se ficar, nada verão que possa interessá-los.

Saí da torre muito confiante. No pátio, dividimos o grupo em três partes com dez componentes mais um instrutor e fomos às enfermarias. Visitamos os abrigados já melhorando. Pensei comigo: "Estão tão ruins que nem posso imaginar os piores".

Homens e mulheres pareciam fantasmas de filme de terror. Apiedamo-nos. Magros, olhos saltados e gemendo. Seus ais eram de cortar o coração.

Tentei ficar alegre ao me aproximar deles. Pensei que, ao observá-los bem, iria ler seus pensamentos, como havia lido nos livros de André Luiz, quando encarnada. Não consegui nada, e perguntei o porquê a Frederico.

– Patrícia – ele me respondeu –, isto é para quem sabe, quem trabalhou anos com irmãos neste estado. Logo mais terão aulas no curso e aprenderão um pouco sobre o assunto.

Alimentamos e limpamos os abrigados. Conversamos com eles, alguns respondiam, explicavam como estavam, uns falavam de suas desencarnações. Normalmente gostam de falar de si, de queixar-se. Um senhor tristonho disse que fora alegre, mas imprudente, cometeu erros, sofreu muito ao desencarnar e ficou triste. Dávamos passes, orávamos para cada um que visitávamos. A maioria parecia alheia; os nervosos se acalmavam depois do passe. Alguns não entendiam nada do que viam e indagavam o que se passava, outros respondiam com monossílabos às indagações. Quando acabamos, estávamos cansados. Fomos para os quartos. Tomei banho e fomos para o salão de refeições, onde nos alimentamos com frutas e sucos.

Escurecia.

Fomos convidados a ir ao salão de música. O local é muito bonito, com lindos quadros, vasos de flores, cadeiras confortáveis. Raimundo explicou:

– Nesta sala temos televisão, cinema, instrumentos musicais. É o local onde se reúnem os trabalhadores e os convidados para edificantes palestras.

Maria e Tobias, dois trabalhadores do Posto, nos brindaram com lindas melodias, ela ao piano, ele ao violino. Marcela, nossa colega, cantou duas canções. Passamos horas agradáveis.

Todo o Posto é iluminado com luz artificial, e mesmo durante o dia há luzes acesas dentro dos prédios, menos nos pátios que só têm as luzes acesas ao entardecer. À noite, o Posto é bem iluminado. Saímos para o pátio. Vimos o céu quase como os encarnados, só que com mais neblina, a luz da lua é fraca. O perfume das flores, principalmente das vermelhinhas, invade os pátios.

Fomos repousar, estava cansada e dormi por cinco horas. De madrugada fomos acordados, tomamos uma refeição e visitamos o restante do Caridade e Luz.

– Oi, turma! – disse Zé, que levantou atrasado. – Há tempo não durmo tanto.

– Quando desprendemos energias e não estamos acostumados, necessitamos repô-las – esclareceu d. Isaura.

O Posto tem uma bonita e bem-arrumada biblioteca, que contém vasta literatura espírita. Os bons livros dos encarnados ali têm suas cópias. É bem frequentada pelos trabalhadores e os abrigados em recuperação. Ao lado da biblioteca está a sala de orações. Lugar discreto e muito bonito, não é grande, mas aconchegante; também possui cadeiras confortáveis e vasos floridos. Ali os abrigados em recuperação vão orar. Os trabalhadores também gostam de frequentar a sala.

É tranquila, tem muitos fluidos energéticos. Sente-se muita paz lá dentro.

O amanhecer no Posto é bonito, o sol aparece entre as nuvens, clareando os pátios e jardins.

Fomos às enfermarias. Visitamos os irmãos, que dormiam em pesadelos. Ah, como a colheita é obrigatória! Vendo-os, enchemo-nos de compaixão, pois sabíamos que todos ali estavam daquele modo por imprudência, por muitos erros. Passamos horas nas enfermarias. Ver tantos irmãos em sofrimento me entristeceu. Embora sabendo que nada é injusto, tivemos vontade de recuperar todos. Mas isso é impossível, pois a recuperação é lenta, ajudamos poucos. Demos passes, acomodamos, demos água, fizemos círculos de orações. Só dois despertaram e foram levados para outra enfermaria. Acordam assustados, muitos temem e choram.

Estava cansada. Depois fomos para o quarto, onde tomei banho, alimentei-me, fiz exercícios de respiração e relaxamento. Iríamos partir na manhã seguinte. A turma se reuniria à noite para ver um filme e ouvir uma palestra. Pedi para descansar; foram muitos os da turma que também pediram. Aqueles irmãos sofridos não me saíam do pensamento. Fiquei revendo tudo como num filme. Os instrutores permaneciam sempre conosco e eram os que mais trabalhavam, estavam sempre prontos a nos esclarecer sobre qualquer dúvida. Flor Azul, sempre tranquilo, ajudava os enfermos com muito carinho. Depois de orar, Nair e eu fomos dormir. Dormir desencarnada é como adormecer encarnada. Quando se está encarnado, o corpo descansa, desencarnado é o perispírito que descansa, e refazemos as energias. Logo depois deste curso, nunca mais dormi. É ótimo ter muito tempo.

Acordei refeita. Partimos sem nos despedir, porque voltaríamos outras vezes e ali ficaríamos hospedados, enquanto visitássemos os Postos da Terra.

Fomos de aerobus até a crosta. Ver o sol sem neblina é bem mais agradável, respiramos aliviados. Visitaríamos os Postos de Socorro existentes para os encarnados daquela região. Nas cidades da Terra há muitos Postos de Socorro pequenos, e assim também nos Centros Espíritas; esses Postos são verdadeiros pontos de amor e auxílio. Visitamo-los por horas. Ajudamos, cuidando de seus enfermos e dos recém-desencarnados. A maioria dos recém-desencarnados socorridos fica nos Postos por algum tempo, depois ou eles são levados para serem doutrinados nas reuniões dos Centros Espíritas ou vão para outros locais e são transportados para Postos maiores ou Colônias. Os que ficam, quase sempre passam de ajudados a ajudantes. Há sempre muitos trabalhadores e o trabalho é imenso. O movimento é grande; o responsável pelo Posto fica só para atender as pessoas e os trabalhadores que têm problemas. Principalmente os Postos dos Centros Espíritas estão sempre lotados. A maioria deles está localizada acima da construção material. Há sistema de defesa, porta ou portão, janelas com grades, enfermarias, sala de recepção, local de descanso para seus trabalhadores, às vezes, salas de música e pequenas bibliotecas.

Nair comentou comigo:

– Observe, Patrícia, que por onde passamos sempre há bons livros e muitos exemplares do Evangelho e de *O Evangelho Segundo o Espiritismo.*

– Não se instrui quem não quer! – respondi.

– Vocês sabem quantos cristãos, ou que se dizem cristãos, têm uma religião e não conhecem o Evangelho? – Ivo nos indagou.

– Devem ser muitos; não conhecem e nem seguem, a notar pelos muitos socorridos – respondi.

– É pena – exclamou Ivo – o Evangelho não ser lido e vivido!

Estávamos num Posto, todos atarefados, quando escutamos Cida gritar. Levei tamanho susto, que fiquei parada por segundos, depois corri também. Cida estava na sala da frente, a de curativos. Frederico veio tão depressa que trombou com Flor Azul.

– Calma, Cida! Que houve? – indagou Frederico.

– Entrou um homem aqui, roubou um esparadrapo e saiu correndo!

– Ufa! – Frederico exclamou aliviado.

– Acho que gritei à toa – disse Cida, sem graça.

– À toa e escandalosamente, Cida – disse d. Isaura carinhosamente. – Não precisava fazer a gritaria.

– Peço-lhes desculpas – disse Cida.

– O irmão que pegou o esparadrapo não passará pelo portão, só se o porteiro deixar. E muitas vezes deixam. Ele entrou aqui querendo objetos para fazer um curativo, às vezes nele ou em companheiros. Pela Terra, ao redor dos Postos, estão sempre muitos irmãos a vagar, ficam a vampirizar os encarnados. Muitos vampirizam alcoólatras e se metem em brigas. Às vezes, vêm aqui para fazer curativos, mas sabem que escutarão algumas verdades que incomodam, assim, preferem nos roubar – explicou atenciosamente um atendente do Posto, que finalizou bem-humorado. – Espero que o susto tenha passado.

– Vocês recebem muitos ataques? – Ivo perguntou.

– Não muitos. São mais ataques de irmãos querendo se divertir, mas como nossos raios elétricos são fortes e lhes dão a impressão de morte, dificilmente nos atacam.

– Como esse homem entrou aqui? – Luíza indagou curiosa.

– É conhecido do porteiro e nosso. Pediu ao porteiro que fosse atendido, e ele o deixou entrar e também sair, sem problemas. Os que vagam, em sua maioria, costumam nos pedir coisas, como remédios e alimentos, e é raro nos furtarem. Este, hoje, resolveu fazê-lo.

José de Arimateia, o nosso distraído Zé, exclamou alto:

– Já sei por que usamos uniformes! É para não sermos confundidos com os demais birutas!

O susto passou, voltamos às tarefas. Já era noite alta quando regressamos ao Caridade e Luz para o merecido descanso. Em dois dias fizemos essas visitas e descansamos no abrigo. Foram muito proveitosas as excursões. Gostei muito desses postos de auxílio entre os encarnados. São realmente de muita ajuda, onde a caridade é verdadeiramente aplicada.

# Capítulo 4

# Posto Vigília

De manhãzinha, saímos novamente, só que desta vez a pé. Andar pelo Umbral é estranho. Se a Colônia é uma festa aos meus olhos, o Umbral, com seu ambiente angustioso e depressivo, é para mim uma visão terrível e horripilante. Sabia que muitos espíritos vagavam por lá, e apiedei-me deles, como também sabia que muitos ali estavam por gostar, o que achei tremenda falta de gosto, mas temos todos o livre-arbítrio e cada um gosta de um lugar. Caminhamos horas em fila, todos juntos: d. Isaura na frente, Raimundo no meio e Frederico no final; Flor Azul ao meu lado. Não conversamos, íamos em silêncio. Tivemos recomendações de não conversar para não sermos notados. Caminhávamos cautelosos pisando em terreno mais firme, porque há muita lama. Vestimos capas de cor marrom, que vinham até os joelhos, com capuz, deixando somente o rosto de fora, e calçamos botas especiais. Luíza comentou, enquanto nos vestíamos:

– Por que nos vestimos assim para andar pelo Umbral? Parece tão estranho.

– Estamos somente nos protegendo – respondeu d. Isaura. – Caso sejamos atacados, as capas nos protegerão. As botas são para dar segurança na caminhada.

Ao caminhar pelo Umbral, entendi o porquê de nos vestirmos assim.

O Umbral é sujo, tem partes escorregadias. As botas nos davam firmeza, e as capas, conforto.

Deslumbrada com o que via, ao dar por mim, muitas vezes estava com os olhos arregalados. Pensei: "Se estivesse aqui sozinha, morreria de medo, se porventura isto fosse possível". Em certo momento, uma grande ave voou perto de nós. Assustei-me e abafei um grito que ficou preso na garganta. Mas não fui só eu a levar o susto, Luíza e Nair aconchegaram-se a Flor Azul, que estava tranquilo e nos olhava sorrindo. No resto do caminho fiquei bem perto dele. Fizemos o trajeto em perfeito silêncio e sem problemas.

A claridade é escassa, parecia o anoitecer entre os encarnados. Sem muita neblina ou nevoeiro. De longe, o Posto parece somente um muro, não se vê nada dele por fora. Ao aproximarmo-nos mais, vimos o muro cinzento e o portão, parecido com um de madeira, pesado, trabalhado em relevo, bonito e simples.

D. Isaura fez soar a campainha e o pesado portão foi aberto. Entramos no pátio: era quadrado com poucas flores, em alguns canteiros, a enfeitá-lo, rodeado de pequenas árvores sem muita beleza, parecidas com muitas que possuem os encarnados. Fomos recebidos pelo seu administrador, diretor ou responsável:

– Boa tarde! Sou Guilherme. Sejam bem-vindos ao Posto Vigília. Por favor, venham comigo, mostrarei seus alojamentos, pois presumo que queiram descansar.

As Colônias e Postos de Socorro seguem o mesmo horário da Terra. Se na cidade dos encarnados fossem quatorze horas, ali também era.

O Posto Vigília fica no Umbral, numa zona de muito sofrimento. É uma casa transitória ou rotatória, ou seja, muda de lugar. Joaquim, um dos nossos colegas, trabalhou ali por anos, e estava afastado para fazer o curso. Depois de concluí-lo, retornará a suas atividades. Foi recebido com alegria, abraçado pelos trabalhadores do Posto. Percebemos que todos ali se amavam, formando uma grande família.

Luzes artificiais iluminam o Posto dia e noite. Do pátio, passamos à parte destinada aos hóspedes. Ficamos, Luíza e eu, juntas no quarto, que era simples, sem enfeites, mas confortável. Após nos higienizarmos, fomos ao refeitório, onde tomamos a refeição, composta de frutas e caldos. Reunimo-nos logo após no salão de palestras para conversarmos.

Recebemos explicações sobre o Posto Vigília.

– Este abrigo foi criado na mesma época em que se formou um povoado para os encarnados. Quando o ambiente começa a ficar deveras pesado, vem a tempestade de fogo e mudamos de lugar – explicou Guilherme.

– Queria ver uma! – exclamou James.

– Não estamos esperando para já – continuou o administrador do Posto. – O fogo cai como raios queimando tudo, purificando os fluidos pesados. Todos fogem, e os que estão para ser socorridos recebem aqui o abrigo.

– Muda-se para longe? – indaguei.

– Não, sempre ficamos na região. Há casas como estas em outras Colônias, que chegam a mudar-se para locais vinte a cinquenta quilômetros distantes. Nós normalmente nos mudamos para sete a dez quilômetros.

– Faz tempo que trabalha aqui? – perguntou Nair.

– Há trinta anos.

– Puxa! – exclamou Marcela. – Deve ter adquirido muita experiência. Como veio para o Posto?

– Quando encarnado, fui pessoa boa, cumpridora dos meus deveres. Amava e amo os Evangelhos e tudo fiz para seguir os exemplos de Jesus. Desencarnei e, ao ser socorrido, fui levado para uma Colônia. Achei encantador tudo o que vi lá, mas amei este Posto logo que o visitei em uma excursão, como a que vocês estão fazendo agora. Entendi que são poucos os que, como eu, são socorridos ao desencarnar e me apiedei ao ver tantos irmãos imprudentes que sofrem; quis trabalhar no Vigília. Meu pedido foi aceito e por anos servi aqui, fiz um pouco de tudo. Pude socorrer amigos, parentes e, aos poucos, todos os socorridos passaram a ser meus irmãos. Aqui aprendi a amar a todos, como Jesus nos ensinou. Tenho um amor especial por este recanto de auxílio. Há treze anos administro o Vigília.

Guilherme, ao falar do Vigília, tinha os olhos brilhando, entusiasmados. Olhei para ele com admiração, certamente não era, o seu trabalho, fácil. Ali estava somente por amor aos semelhantes e deixava transparecer isso em seus modos, no seu olhar tranquilo e bondoso. A admiração foi de todos.

A conversa continuou, trocamos ideias sobre o Umbral, da parte que vimos. Conversamos até as vinte horas e nos retiramos para nossos aposentos. Na Colônia, quase não me alimentava ou dormia. Nessas excursões, andar pelo Umbral e ajudar nos Postos nos cansava, despendíamos energia. Assim, precisávamos de alimentação pelo menos uma vez ao dia, e de descanso. Esse descansar era ler algo edificante, meditar e até mesmo dormir algumas horas.

No outro dia, às cinco horas da manhã, participamos da prece matinal. Guilherme convidou d. Isaura para fazer a oração. Nossa orientadora orou com um fervor que nos comoveu. Pétalas claras de fluidos caíram sobre o Posto e sobre nós, fortalecendo-nos, saturando-nos de muita energia. Logo após, fomos conhecer o Posto Vigília. É um Posto de tamanho médio. Tem salão para palestras, também ocupado para música, sala da diretoria, refeitório, pátio, salas de consultas, alojamentos dos trabalhadores e enfermarias. Nossos três instrutores ficaram, desde nossa chegada, nas salas de consultas atendendo os abrigados confusos em busca de orientação. Flor Azul ficou o tempo todo ajudando nas enfermarias.

Repartimo-nos em grupos de sete e fomos com os trabalhadores ajudar nas enfermarias. Elas são compridas, com leitos nos dois lados, têm banheiros simples, tudo muito limpo e claro. Os abrigados têm necessidades: alimentam-se e usam o banheiro. Têm fome e sede, só não sentem frio ou calor porque o Posto tem um sistema parecido com o ar-condicionado dos encarnados. Esse sistema é central, deixando o Posto e até seus pátios com temperatura agradável.

Primeiramente, entramos nas enfermarias em que os doentes estavam em condições melhores. Conversamos com eles e os ajudamos a se alimentar e a se limpar.

– Você é bonita! – disse, dirigindo-se a mim, uma senhora muito magra de olhos entristecidos.

– Obrigada. Como está a senhora?

– Agora não posso me queixar. Já sofri muito. Mas foi merecido. Quando encarnada aprontei muito.

Sorri apenas. Sabia que a curiosidade não leva a nada. Tínhamos recomendações para animar os enfermos, falar do Evangelho e de Jesus. Mas também de escutar seus desabafos.

– Você é tão boa! Sofreu ao desencarnar? – indagou-me.

– Não, senti que ia dormir e acordei bem e entre amigos.

– Entre amigos. Para ter amigos é necessário fazê-los, não é? Não os fiz, e os que pensei ter eram piores do que eu. Aposto que não sofreu, porque foi boa!

– Talvez devesse ter sido melhor. Mas não cometi erros, desencarnei em paz e a harmonia me acompanhou.

– Você não quer me escutar um pouquinho? Às vezes tenho vontade de conversar. Os trabalhadores daqui são ótimos, mas tão ocupados. Sabe, não fui boa em nada. Fui má filha, fugi de casa aos treze anos para o meretrício, fiz muitos abortos. Tive três filhos, dei dois, o outro, antes o tivesse dado. Era um rapazinho esperto, um ladrão. Um dia, ao roubar de um cliente meu, este o matou. Não fui boa mãe. Bebia muito, envelheci rápido e a morte me buscou para o sofrimento. Fiquei dezessete anos no Umbral. Quando me socorreram, era um farrapo, estava muito cansada. Há bastante tempo estou aqui.

– E irá melhorar logo – disse animando-a. – Tire dos erros do passado acertos para o futuro. Tente se recuperar e passar de ajudada a ajudante.

A senhora sorriu tristemente. Dei-lhe um passe, fiz alto uma oração, ela me agradeceu:

– Obrigada!

Um senhor dizia sem parar:

– O café, tenho que colher o café!

Após o passe disse frases maiores, e deu para entender que roubou muito café de seus patrões. Colhia o café da plantação durante o dia e, à noite, ia pegá-lo. O arrependimento fazia-o ver o fato sem interrupção. Depois do círculo de orações, ele adormeceu tranquilo.

E, assim, muitos tinham histórias reais para contar, descortinavam erros sobre erros. A maioria fora egoísta. Amaram mais a matéria do que as verdades espirituais. O orgulho e o egoísmo levam muitos à porta larga da perdição, para o sofrimento após a desencarnação. Ao sairmos das enfermarias, Zé comentou:

– Estava com vontade de perguntar a Frederico por que existem tantas enfermarias e, nelas, tantos necessitados. Descobri ao escutar esses infelizes. Sabem, impressionei-me ao ouvir de um senhor que estuprou e matou a própria filha de oito anos.

Um dos trabalhadores do Posto, ao escutar, argumentou:

– São os imprudentes a que Jesus se referiu. Não fizeram o bem, viveram para a matéria, plantaram o mal e colheram o sofrimento. E tanto fizeram maldades aos outros e a si próprios, que só poderiam ficar como estão. Assim, caro estudante, estes abrigos são bálsamos para eles.

Na segunda enfermaria os doentes estavam em piores condições. Uns falavam sem parar. Ao serem atendidos com a alimentação, passes e orações, melhoravam, ora aquietando-se, ora falando frases mais coerentes.

Um senhor chamou-me a atenção, o remorso o castigava: ele expulsou os pais, já velhos, de sua casa, e eles desencarnaram em um asilo, sem vê-lo mais. Uma outra senhora falava sem parar que matara. Após tomar o passe, lembrou-se do amante que assassinara friamente. Outro senhor lembrava com aflição da filha renegada de sua amante.

"Que bom" – pensei – "não ter erros para me atormentar. Como sou feliz! Nada melhor que plantar o bem."

Visitamos duas enfermarias no primeiro dia. Os trabalhadores do Posto não fazem o que fizemos. Não há tempo, porque os operários são poucos para muito trabalho. Acabamos à tarde, fomos para nosso quarto, depois para o refeitório, e dele passamos ao salão de música.

À noite saímos para o pátio. Os muros que cercam o Vigília são fortes e altos, e no pátio há uma torre onde está o sistema de defesa. Para subir lá, usa-se um elevador. Subimos em grupos pequenos. A torre tem trinta metros. Também tem sistemas de defesa perfeitos e nunca um ataque os preocupou. Margarida, a senhora encarregada àquela hora da guarda, mostrou-nos alguns aparelhos que medem as vibrações fora do Posto num raio de três quilômetros. Por ele ficam sabendo quem se aproxima e quantos são. Não se enxerga o céu, nem as estrelas; às vezes, a lua, quando é cheia. Olhei do alto da torre, em volta do Posto, não enxerguei nada, só o Posto lá embaixo e suas luzes; fora, a neblina e a escuridão.

Quando esperava a vez de subir na torre, olhava distraída um pequeno e bonito chafariz de pedra verde, com delicados contornos de flores, rodeado de plantas. Flor Azul aproximou-se:

– Está a pensar, Flor Azul de Patrícia?

– Espero a minha vez de conhecer a torre. Foi bom vê-lo. Quero agradecer.

– A menina se lembra do senhor que a agradeceu no Caridade e Luz? Sinto como ele, só que mais feliz, porque posso acompanhá-la e fazer algo por você. O que lhe faço, gostaria de estar fazendo também a seu pai. Muito devo a ele, ao grupo espírita e a você. Poder retribuir é uma graça. Sou seu amigo desde que você era encarnada. Não me agradeça, faço isso de coração e com felicidade.

– Que bom ser sua amiga, Flor Azul!

– Ao termos bons amigos, temos tesouros. Tendo--os por amigos, você e seu pai, sinto-me rico.

Sorriu de maneira terna. "É" – pensei –, "ele tem razão. Ter como amigos bons espíritos é ter tesouros no plano espiritual. Também me sentia possuidora de largos bens".

Frederico fez a oração da noite e fomos descansar. Fiquei a pensar nos enfermos, no que vi e no que ouvi deles. Como a maldade faz mal ao maldoso! Como é difícil a colheita da plantação ruim!

No outro dia, fomos a três enfermarias de irmãos que dormiam em pesadelos. É triste vê-los. Uns ficam com os olhos abertos e parados. A maioria não fala, seus semblantes são de horror. Estavam todos higienizados e bem instalados e, nem por isso, eram agradáveis de ver. Eles ficam com as imagens dos próprios erros a lhes passar na mente, sem parar. Às vezes, gemem com aflição. Cuidamos deles com carinho, limpando-os, acomodando-os, dando-lhes passes e fazendo orações. Muitos, depois, ficaram mais tranquilos, melhorando suas expressões. O tempo que ficam assim é variado, alguns chegam a ficar anos, outros, meses. Quando acordam, passam para outra enfermaria. Os enfermos vão mudando de enfermarias até ficarem bons. Quando recuperados escolhem o que fazer: ou passam a trabalhar no Posto, ou vão para as Colônias estudar, ou reencarnam.

À noite escutamos músicas. Uma trabalhadora do Vigília nos brindou com encantadoras canções. Chama-se Cecília, canta muito bem, tem linda voz. A boa música ajuda a refazer as energias. É sempre agradável ouvir canções em companhia de amigos. Os trabalhadores do Vigília amam receber estas excursões e visitas, gostam de conversar, trocar informações. A noite transcorreu tranquilamente.

Capítulo 5

# Samaritanos

No outro dia, logo após a oração matinal, foi dado o alarme. Aproximavam-se os samaritanos. Continuamos no pátio para esperá-los. O portão foi aberto e eles entraram. Vieram em veículos que não há como descrever. Não há condições de transmitir situações idênticas, porque não são iguais, nos dois planos de vida. Só posso transmitir semelhanças de estados psíquico e espiritual. Podem haver semelhanças visuais, mas não fatos iguais no conteúdo externo e interno. Ficamos a observá-los, menos Joaquim, que foi ajudá-los. Samaritanos são os trabalhadores do Posto que saem pelo Umbral a socorrer os que querem auxílio. Estavam vestidos, para melhor trabalhar, de botas altas e capas com gorro de tonalidades do bege ao marrom-claro. Como as que usamos para atravessar o Umbral. Os socorridos estavam seminus, e os poucos vestidos tinham suas roupas sujas e em farrapos. Apiedamo-nos. Estavam sujos, com cabelos e unhas grandes. Uns falavam, outros permaneciam como múmias, não se mexiam, embora estivessem com os olhos abertos e aterrorizados. Muitos gemiam tristemente. Por um instante entristeci. Ver aqueles irmãos daquela forma era comovedor. Nunca pensei em ver tanto sofrimento. Muitos apresentavam sinais de torturas. Ficamos em silêncio, parece que por momentos não tivemos vontade de falar, a cena nos comoveu.

Uma senhora socorrida, ao ver uma das trabalhadoras, exclamou:

– Um anjo! Você é um anjo! Socorra-me, pelo amor de Deus!

Os socorridos foram levados para uma enfermaria própria, especial, para serem limpos e alimentados. Depois seriam encaminhados para as enfermarias e separados, conforme seu estado.

– Por favor, deixem-me ficar com ela!

Um homem segurava a mão de uma mulher, que dormia em pesadelo.

– Providenciarei para ficarem juntos.

– Obrigado!

Um samaritano respondeu:

– Guilherme confirmou o pedido. Ficariam juntos. Normalmente, pelos seus estados, seriam separados. Mas aqueles dois estavam unidos e o homem, em estado melhor, se preocupava com a mulher, em condições piores. Notava-se que se amavam. "Ainda bem que ficaram juntos" – pensei.

O grupo de samaritanos era formado por duas mulheres e seis homens. Cumprimentaram-nos sorrindo e foram guardar os veículos. Em seguida, esses trabalhadores iriam alimentar-se e descansar. Aproximamo-nos, admirando sua coragem e abnegação. Indaguei a um deles:

– Gosta deste trabalho? Faz isto há quanto tempo?

– Amo ir à procura dos que pedem auxílio em nome de Deus. Fui socorrido por uma caravana como esta, há quinze anos, neste Posto, e há cinco anos estou nesse trabalho.

– Como se sente a senhora, sendo mulher, num trabalho que exige tanta coragem? – indagou o nosso distraído Zé a uma das trabalhadoras, uma moça de seus trinta anos e muito bonita.

– Não existe no plano espiritual trabalho só para homens ou mulheres. Aqui somos criaturas de Deus. Gosto do que faço. Cada vez que regresso ao Posto com irmãos sofredores, é alegria para meu coração.

A caravana trouxe vinte e um socorridos. Esses trabalhadores ficam dias pelo Umbral, vão a todos os lugares onde há necessitados, socorrendo sempre muitos irmãos. O tempo de permanência no Posto varia de dois a três dias. Nesse tempo fazem planos, traçam rotas para o próximo socorro.

Logo depois de os socorridos terem sido recolhidos, a torre deu o alarme. O som deste é uma campainha suave. Há quatro modos de dar o alarme. Três curtos, como foram dados para os samaritanos, aproxima-se diligência do bem. Um toque suave e longo significa aproximação de irmãos ignorantes. Outro toque mais alto é para alertar sobre ataques; o que tem um som diferente, avisa que o Posto está para ser atacado por muitos espíritos. Nada de escândalos, tudo é tranquilo, porém o som é ouvido até onde estão as pessoas que necessitam ser alertadas. A campainha não toca nas enfermarias.

O guarda da torre nos disse que se aproximava um grupo de dez irmãos trevosos.

– Esperemos para ver o que querem – disse Guilherme.

Novamente o guarda disse que o grupo havia parado a alguns metros. Logo escutamos gritos.

– Que gritam? – indagou Luíza. – Dizem Valéria?

– Acho que é Venâncio – disse James.

Um dos socorridos saiu do pátio desesperado.

– É este! É Valêncio! – explicou um samaritano.

O homem estava em horrível estado, fora torturado e se mostrava muito machucado, os sinais de tortura marcaram-lhe todo o corpo. Guilherme e um dos trabalhadores o pegaram, levando-o novamente para dentro.

Frederico nos explicou:

– Este socorrido estava sendo torturado por esse grupo. Arrependeu-se e pediu, a tempo, auxílio em nome de Deus. Desta vez, os socorristas o trouxeram, e seus carrascos vieram atrás dele. Vão levá-lo agora para uma câmara onde não escutará esses chamados.

– Que será que ele fez para ser tratado assim? – indagou Glória com piedade.

– Infeliz de quem faz maldades, porque nem sempre quem as recebe perdoa. Chega um dia em que a morte faz com que se encontrem. Certamente o torturaram por vingança – esclareceu Frederico.

– Se eles gritassem meu nome, ficaria, como ele, desesperada? – perguntei impressionada.

Frederico sorriu e disse:

– Certamente que não. Você não tem vínculos com eles. Para sentir seus chamados é preciso estar vinculada a eles, ter as mesmas vibrações e ter ficado muito tempo, como esse irmão ficou, com eles. Se um grupo a chamasse, ouviria, simplesmente. Não deve temer. O medo é para quem duvida.

O guarda da torre ficou atento, mas os do grupo gritaram de longe por trinta minutos. Não tendo resultado, resolveram ir embora.

– E se atacassem? – perguntou Luíza preocupada.

– Teríamos que nos defender com raios elétricos – respondeu Guilherme tranquilo.

– O que presenciamos aqui acontece sempre? – indagou Ivo.

– Sim. Às vezes ficam inconformados ao perderem suas vítimas. Alguns, como esses, só os chamam, outros nos atacam. Mas, uma vez aqui dentro, ninguém sai se não quiser – respondeu Guilherme.

Eram onze horas da manhã, hora de partirmos. Despedimo-nos alegres, pois voltaríamos ao Posto para estudar o Umbral. Guilherme nos agradeceu, e Raimundo retribuiu os agradecimentos em nome de todos. Saímos pelo portão e em fila. Iríamos a pé até o Caridade e Luz e então tomaríamos o aerobus que nos levaria de volta à Colônia. No Umbral estava frio, mas não percebíamos. Como já disse, aprendemos a neutralizar a temperatura exterior[3]. Mas sentia-me um pouco sufocada. Fiquei bem perto do Flor Azul, que continuava tranquilo. Confesso que o Umbral me dá medo. Ler ou ver em filmes é uma coisa, mas, lá, pessoalmente, é outra. Nada tem de bonito ou agradável. Voltamos sem problemas. Quando chegamos

---

3. É fácil aprender. Estudei o assunto no curso de alimentação que fiz na Colônia e transcrevi no livro *Violetas na janela*; o desencarnado que não sabe neutralizar a temperatura exterior sente frio e calor. (N.A.E.)

ao Abrigo Caridade e Luz, foi um alívio. Só paramos lá para pegarmos o aerobus. Estava cansada, e a condução veio em boa hora.

Que gostoso é estar na Colônia! Chegamos à noite e fomos direto para nosso alojamento, onde nos alimentamos e descansamos. Gostava de anotar tudo o que via, e era nessas horas de descanso que o fazia; depois de ter anotado, dormi algumas horas.

No outro dia cedinho, tivemos a aula de conclusão. As perguntas foram muitas.

– Os trabalhadores do Posto recebem bônus-hora? E os samaritanos ganham mais? – indagou Cecília.

Raimundo foi o escalado para responder:

– Para todos são contadas as horas de trabalho. Recebem bônus-hora os que querem e precisam. No trabalho que requer mais esforço e se despende mais energias, recebem dobrado e, às vezes, triplicado, como o dos samaritanos.

– Os samaritanos são atacados? – quis saber Glória.

– Esses trabalhadores são chamados de muitas formas: missionários, emissários etc. São atacados muitas vezes. Saem sempre pelas regiões do Umbral e, às vezes, ficam no Posto somente por horas. Rara é a excursão em que não são atacados. Nossos amigos não são intimidados com isso. Possuem redes de proteção e estão sempre com os lança-raios, aparelhos de defesa pequenos. São espertos e se saem sempre bem, porque não estão a fim de brigas e, por isso, impõem respeito.

– São heróis! Que trabalho difícil! Admiro-os! Eles têm folga? – Marcela falou entusiasmada.

– Têm folga sim e as passam como querem, uns vêm à Colônia, alguns visitam amigos e outros ficam no Posto.

– Eles percorrem todo o Umbral? – perguntei.

– Sim, percorrem. Em cada excursão vão para uma parte do Umbral. Vão em todas as cavernas, buracos, vales, enfim, por todos os lados. São experientes e conhecem todos os lugares do Umbral nesta região.

– Eles vão também às cidades do Umbral? – indagou James.

– Sim, vão. Algumas vezes, pedem autorização para pegar alguns que querem socorro. Outras vezes, os samaritanos são vistos pelos habitantes das cidades do Umbral socorrendo alguns irmãos. Quando esses irmãos não são do interesse dos que lá moram, os samaritanos trabalham sem problemas. Mas, quando eles querem socorrer alguém que interessa aos moradores da cidade do Umbral, os samaritanos entram sem serem vistos. Como ocorreu no caso daquele torturado que vimos e que foi chamado pela turma, de fora do muro.

– Há socorristas pelo Umbral no mundo inteiro? – Cida perguntou.

– Sim, pelo Umbral de toda a Terra há socorristas que trabalham em nome de Jesus, auxiliando todos os que sofrem e clamam por ajuda.

– Esses socorristas nunca ficaram presos? Os espíritos ignorantes que gostam do Umbral nunca prenderam algum deles? – indagou Nair.

– Não tivemos notícias de acontecimentos deste tipo. Num aperto maior, eles podem mudar a vibração e tornar-se invisíveis para os outros.

Resmunguei baixinho, e Raimundo me disse:

– Patrícia, quer falar alguma coisa?

– Estou pensando: não quero nem trabalhar num Posto de Socorro nem no Umbral, acho que não tenho jeito. Mas admiro os que lá trabalham.

– Essas tarefas requerem pessoas com muito amor e caridade. Por isso, devemos respeitar esses trabalhadores e admirar o que fazem.

Todos nós olhamos para Joaquim, que ficou encabulado.

– Aqueles que vimos nas enfermarias dos Postos demoram para melhorar? – perguntou Cida curiosa.

– Depende muito de cada um. Há irmãos que levam anos para melhorar, para outros a melhora leva meses.

– Existe socorrido que não gosta do Posto? – indagou Ivo.

– Sim, existe, embora os que para lá são levados queiram o socorro, pois estão quase sempre cansados de sofrer. Estes são normalmente agradecidos. Não podemos levar irmãos que não estejam arrependidos e não queiram o socorro, porque eles acham tudo ruim. Outros dizem que nos Postos há muita disciplina e querem ir embora. Alguns espíritos que não sofreram o suficiente e que são abrigados em Postos de Socorro, a pedido de terceiros ou por equipes que trabalham em Centros Espíritas, muitas vezes não gostam e não ficam, voltando aos ex-lares e a vagar.

– Eu – disse Rosália – estive no Vigília como socorrida. Sou grata a todos. Mas ver o Posto como aprendiz é diferente.

– Claro. Estava enferma, necessitada, conheceu as partes que lhe cabia habitar. Agora, foi conhecê-lo como estudante, e tudo lhe pareceu diferente.

– Rosália, você lembra alguma coisa de quando esteve lá como socorrida? – Zé perguntou.

– Sim. Como esquecer o sofrimento? Era um farrapo humano, foi doloroso. O remorso é fogo a queimar.

Como não houve mais perguntas, Raimundo disse:

– Façam uma redação, escrevam o que viram, o que mais os impressionou.

Não é um trabalho obrigatório. Farão a redação só os que quiserem. Aqueles que têm dificuldades para escrever e preferem falar contarão o que sentiram e do que gostaram. Alguns preferem ficar só escutando.

Foram quinze a ler o que escreveram. Todos falaram dos samaritanos. Trocamos ideias. Ivo e Luís disseram que, após o curso, irão trabalhar num Posto no Umbral.

Conhecer esses Postos, esses lugares de paz no meio do sofrimento, nos foi gratificante. São casas de socorro abençoadas. São refrigério aos irmãos atormentados. Que bom que há esses locais, e como é maravilhoso neles existirem os trabalhadores do bem!

Capítulo 6

# Desencarnação

Começamos a aula teórica narrando nossas próprias desencarnações. Todos, de fato, têm uma interessante história para contar. Ninguém teve a desencarnação da mesma forma, embora seja natural e para todos.

Narrei a minha, em poucas palavras:

– Desencarnei por aneurisma cerebral, nada vi ou percebi; para mim, foi como dormir e acordar entre amigos. Adaptei-me logo, era espírita, e este fato ajudou-me muito.

– Veio com diploma! – exclamou Ivo brincando. – Sabia o que ia lhe acontecer e o que ia encontrar. É bem esperta!

– De fato – respondi –, quem tem religião interiormente e vive de acordo com o Evangelho é esperto! O Espiritismo bem compreendido educa para a continuação da vida.

– Acha, Patrícia, que, pelo fato de você ter sido espírita, teve e tem recebido muito aqui no plano espiritual? – perguntou Zé, também referindo-se ao fato de Flor Azul nos acompanhar nas excursões por minha causa.

– Zé, o Espiritismo proporcionou-me um ambiente propício para realizar-me interiormente. Segui realmente a Doutrina de Allan Kardec, vivi o Evangelho de Jesus.

D. Isaura interrompeu delicadamente:

– Patrícia enquadra-se bem num dos ensinamentos de *O Evangelho Segundo o Espiritismo*, Capítulo XVIII – Muitos os chamados e poucos os escolhidos. No item doze, que nos diz: "Aos espíritas, portanto, muito será pedido, porque muito receberam, mas também aos que souberam aproveitar os ensinamentos, muito lhes será dado".

Zé narrou a sua desencarnação:

– A minha desencarnação foi o máximo, é de morrer de rir. Morri de susto. Verdade! Estava bem, pelo menos nada sentia. Um dia um amigo e eu fomos dar um passeio de carro. Ao atravessar a linha do trem, o carro parou, enguiçou e nada de pegar. Nisso o trem vinha vindo. Meu amigo correu para fora do carro. A aflição fez-me ficar parado. Meu amigo gritou para que eu saísse e, como não saí, ele voltou e tentou de novo fazer o carro pegar, até que pegou, e saiu um segundo antes que o trem passasse.

"'Que susto, hein, Zé!'"

"Nada de responder. Meu coração simplesmente parou, fazendo-me ter morte instantânea. Na verdade, só escutei meu amigo falando, depois perdi os sentidos. Meu espírito adormeceu. Acordei sozinho, estava caído perto da linha do trem. Não senti nada, levantei e fui para casa. Lá, uma choradeira total. Entrei e outro susto. Vi-me no caixão. Senti-me mal e ninguém ligou. Confuso, fiquei a pensar: 'Morri? Fiquei louco? Foi um outro sujeito parecido comigo que morreu?' Mas ninguém me via. Resolvi apelar. Na hora do aperto, como sempre, recorre-se a Deus. Comecei a gritar a Deus, pedindo perdão e socorro. Senti ser chacoalhado. 'Calma, Zé, que escândalo!' Era minha mãe que já desencarnara há tempo. 'Mãe' – disse gritando –, 'me socorre! Morri ou estou louco?' 'Calma, filho, tente se acalmar'. 'A senhora é assombração?' – perguntei mais calmo. 'Não, sou sua mãe, que muito o ama. Não tenha medo, vou ajudá-lo.' Mamãe levou-me para um canto da casa onde não havia ninguém e voltou à sala, onde estava o caixão com meu corpo, para acabar de desligar-me dele. Dois amigos passaram perto de mim e comentaram: 'O Zé deve estar contando piadas a São Pedro'. O outro respondeu: 'Morreu de susto, isto é jeito de morrer?' 'Piadas a São Pedro' – pensei –, 'estou passando um tremendo aperto'. Aí, um grupo de senhoras começou a orar, senti-me melhor e mais calmo, foi me dando sono. 'Venha, Zé!'

– disse mamãe. Acomodei-me nos braços dela e dormi. Acordei e pensei ter sonhado, mas logo me certifiquei de que tudo era verdade. Sempre fui muito alegre e católico frequentador da igreja. Aceitei bem o fato e tratei de me acostumar à nova vida: logo estava trabalhando e hoje faço este curso para melhor servir."

– Eu fui ateu! – iniciou Ivo. – Ateu convicto de que estava certo. Achava, quando encarnado, que tudo era pelo acaso. Deus era uma personalidade inventada para aterrorizar os ignorantes. Não existia nada além da morte do corpo. Fiquei doente, uma grave doença que me acamou; aí, às vezes, me perguntava: "Será que estou certo?" Fiquei com medo e julguei que a doença é que me dava temor. A ideia do suicídio veio, porém repeli, não era covarde, aguentaria o sofrimento. Resolvi esperar pelo fim. Não acreditar em nada é triste, não se tem consolo e, pensando que acabamos, dá uma sensação agoniada.

"Não percebi minha desencarnação. Continuei muito tempo agindo como doente no hospital, sentindo o abandono dos meus familiares. Depois, fui retirado do hospital por espíritos brincalhões e levado ao cemitério. Falaram que morri, que desencarnei, mas não conseguia entender nada. Não sabia orar; o pouco do Evangelho que conhecia não me vinha à mente, pois nunca prestara atenção nele. Encarnado, ria das pessoas religiosas, mas não fui mau. Se não fiz o bem, tampouco fiz o mal. Fui pego por entidades maldosas e levado para uma cidade do Umbral, como escravo. Tinha que fazer certos tipos de trabalhos para eles. Anos fiquei assim, até que entendi tudo: a vida continua após a morte do corpo e Deus existe. Cansado de sofrer, recorri a esse Deus em que não acreditava, que é nosso Pai Amoroso. O socorro não veio de imediato, mas não desisti, a cada dia, com mais fé, clamei por auxílio. Fui socorrido, levado a um Posto. Agradecido e querendo ficar bom, recuperei-me e passei a ser útil. No Posto fiquei muito tempo. Depois vim para a Colônia trabalhar. Mudei muitas vezes a forma de trabalho, para conhecer como é viver por aqui. Tendo conseguido pelo meu trabalho elogios, porque nunca fui preguiçoso, e trabalhar forçado como escravo é bem penoso, mas aprende-se a trabalhar, pedi para estudar. Penso que se conhecer este mundo maravilhoso posso firmar minha fé e ser útil com maior segurança. Desencarnei há quarenta e cinco anos, vinte e cinco anos sofri vagando e no Umbral. Vinte e cinco anos é muita coisa, mas foi justo. Quem descrê de tudo só é acordado pelo sofrimento."

– Ivo – indagou Luíza –, se você tivesse sido mau, iria sofrer mais?

– Certamente que sim, acredito que mais e por mais tempo.

Terezinha falou de sua desencarnação. Ela é calma, fala mansa, é muito simpática:

– Era muito religiosa, gostava muito de orar, mas infelizmente a religião não me ensinou o que seria a morte. Tive um câncer generalizado, que me causou muito sofrimento. Aí, indagava a mim mesma: "Por que sofro tanto? Deus está sendo injusto comigo?" Procurava fortalecer-me na fé, mas não entendia, e a fé sem raciocínio é difícil de manter. Desencarnei e fui levada para um Posto. Melhorei logo, mas pensava ainda estar encarnada e me curando. Quando me falaram que desencarnei, não acreditei; depois, ao pensar e analisar, fiquei tremendamente decepcionada por não ser como pensava e me tornei apática. Não queria nada, não queria escutar ninguém e pensei novamente: "Que adiantou ter sido boa e devota? Deus estaria sendo justo comigo?" Os orientadores do Posto levaram-me a uma reunião espírita. No Centro, vi muitos mutilados e sofredores e escutei do orientador: "Vê como valeu ter sido boa e devota? Observe bem que muitos, ao terem o corpo morto, não tiveram a cura como você, não foram levados para um socorro". Fiquei olhando tudo curiosa, não me incorporei, só escutei, e voltei diferente. Muitas vezes fui às reuniões e, juntamente com orientadores, fui conhecer o Umbral. Melhorei, saí da apatia e pude saber que minha desencarnação com sofrimento foi para quitar o passado de erros. O mundo espiritual me fascinou, e de ajudada passei a ajudante; hoje tenho a graça de estar aprendendo para servir com mais sabedoria.

Ilda, com simplicidade, narrou sua desencarnação:

– Estava feliz, casada com o homem que amava, e minha casa era um sonho. Ao ficar grávida senti-me a mais feliz das mulheres. Meu parto complicou e desencarnei, após ter tido uma menina. Fui socorrida e levada, após a morte do meu corpo, para um Posto de Socorro. Como sofri. Esforçava-me para não me revoltar. Sentia o choro dos meus pais e do esposo. Deixar tudo, quando se é feliz, não é fácil; só se tivermos compreensão, como Patrícia, que também era feliz e continuou sendo. Meus pais pegaram a menina, minha filha, para criar, e meu esposo voltou para a casa de seus pais. Sentia tanta falta deles, queria tanto ter cuidado, acariciado, pegado e amamentado minha filha. Queria estar encarnada! Só pensando neles, não dei atenção a mais nada. Tive de ser doutrinada, através de uma incorporação, num Centro Espírita, e fazer um tratamento com um médico psicólogo aqui. Só aos poucos fui me acostumando. Meu esposo casou-se de novo e tem outros filhos; minha filha já é uma adolescente. Agora amo viver aqui, mas não foi fácil. Tudo o que passei foi um aprendizado difícil, mas necessário ao meu espírito.

A desencarnação é o nascer do espírito para o mundo espiritual. Tivemos aula de anatomia. Estudamos os pontos de força e vimos em filmes como se faz para desligar o perispírito do corpo morto. As equipes de socorro que fazem esse desligamento reúnem-se normalmente em grupo de três a quatro socorristas. Para trabalhar nesse processo, fazem longo estudo e treinamento, e só podem realizar o desligamento, imediato, de poucas pessoas. Por isso, não são muitos nessas tarefas. Vimos o trabalho deles em filmes, quando faziam vários desligamentos.

Depois desse curso, qualquer um de nós poderia desligar alguém após seu corpo ter morrido, mas não devemos fazer isso sem ordem superior. É bom saber! Saber é poder fazer!

O desligamento se faz de várias formas. Minutos após a morte do corpo, alguns dias ou meses. Isso depende do merecimento de quem desencarna.

Estudamos muito a parte do corpo humano e, utilizando bonecos, vimos como se faz o desligamento. Esses bonecos são cópias fiéis do corpo humano e do perispírito. Entendemos perfeitamente como funciona o corpo físico, o que ocorre com ele e como se desintegra.

Impressionei-me ao ver, em filmes, o desligamento de pessoas que se suicidam. Sempre é muito tempo após a desencarnação. Que triste! É a pior desencarnação, embora seja cada caso um caso. Mas sofre muito quem pratica esse crime contra si mesmo.

A aula teórica foi muito boa e esperava ansiosa pela aula prática.

# Capítulo 7

# Desligamento

As aulas práticas foram realmente muito importantes. Flor Azul se ajuntou a nós, como sempre muito simpático, e trabalhou bastante. Primeiramente fomos a hospitais de encarnados da região. Por mais que estudemos, ao ver pessoalmente a tarefa é diferente, por entrar a emoção e, às vezes, a piedade. Também, porque é com a desencarnação que encontramos os amigos ou os inimigos que fizemos, quando encarnados. Vimos primeiramente a desencarnação de um senhor que a equipe socorrista veio desligar; esperavam-no muitos amigos e familiares. Desencarnou tranquilo. Foi bonito. Mas logo em seguida vimos a desencarnação de outro senhor, que muitos obsessores aguardavam. Oramos por ele, mas não conseguimos impedir que os obsessores o desligassem e o levassem, certamente, para o Umbral.

D. Isaura aproveitou para elucidar-nos:

– Estamos aqui para um aprendizado, auxiliando todos os que fizeram jus a uma ajuda dos bons. Não podemos interferir na colheita de ninguém. Esse senhor vibrou com os inferiores e não conosco; a vida toda afinou-se com eles, com esses irmãos das trevas, e só pode ter agora a companhia que ele mesmo escolheu. Ao cometer erros, estamos vibrando com os errados. Este senhor precisa sofrer, para aprender. O sofrimento é o remédio de que necessita.

Vimos muitas desencarnações. Em hospitais grandes acontecem muitas. Ajudamos os socorristas nos desligamentos de muitos deles.

Aonde íamos, apresentávamo-nos, ao chegar, aos responsáveis do local. Fomos sempre bem recebidos e estivemos em muitos hospitais.

Desligamentos de crianças são rápidos. Normalmente, quando estão para desencarnar, uma equipe de socorristas já está perto, e sempre são levadas para um socorro. Impressionei-me porque criança sempre me comove, mas é mais fácil, não são normalmente tão presas à matéria como os adultos.

Depois, ficamos de plantão nas rodovias de maior movimento. Nas grandes rodovias há, em determinados pontos, pequenos Postos de Socorro e, ao mais simples acidente, é acionado um aparelho, indicando o local e a gravidade. A equipe de socorro vai em seguida, chegando mesmo antes do socorro material. Fomos recebidos com alegria pelos trabalhadores. Torci para que não houvesse nenhum acidente, mas houve vários. Os Postos de Socorro nas rodovias estão sempre em contato e, assim, quando acontecia um acidente, logo nos era comunicado e íamos imediatamente para o local. Não é agradável ver pessoas machucadas e com dores. Ajudamos tanto os feridos, como os que desencarnaram. O desligamento nos acidentes às vezes é violento, pois o corpo morre e o perispírito se desliga instantaneamente. Levamos muitos espíritos para o Posto de Socorro da rodovia. Ali recebem os primeiros socorros, logo depois são levados para outros Postos de Socorro.

Muitas vezes é feito somente o desligamento sem socorrer o espírito. Há desligamentos que demoram pouco tempo. Outros são feitos aos poucos, levando horas.

Depois de muitas horas nas rodovias, onde vimos muitos acidentes com mortes e muitos machucados, fomos para o cemitério.

– Aqui existem muitos apegados ao corpo físico, nosso trabalho de aprendizagem consiste em ajudar, desligando todos os que pudermos.

Eram muitos os que gemiam ao lado dos corpos apodrecendo; outros dormiam em pesadelos. Os trabalhadores da equipe de socorristas do cemitério vieram nos receber contentes:

– Bem-vindos, os do grupo de estudantes! A presença de vocês nos é muito grata. Sempre que aqui vêm, conseguem ajudar muitos irmãos que não souberam desencarnar e sofrem.

Espíritos vagabundos, arruaceiros, gostam de zanzar pelos cemitérios, mexem com os que sofrem e riem dos que se julgam encarnados. Tivemos recomendações para ignorá-los. Durante nosso trabalho, ficaram nos observando, chegaram a nos ironizar, mas sem se aproximar.

No cemitério, havia muitos ligados ao corpo morto.

– São tantos! – exclamou Zé. – Aposto que vamos conseguir levar a metade para o socorro.

– Aposto que ficarão somente dez – disse Luís.

– Ficam três – eu disse.

O grupo é alegre, não se pode abaixar a vibração com tristezas e piedade sem ajuda. Falamos por brincadeira. Desejávamos que não ficasse nenhum sem socorro. Repito que poderíamos ajudar somente os que pedissem com humildade, sinceridade, e os que estavam a fim de socorro, mas não os revoltados, que blasfemavam. Estes são muito necessitados, mas não adianta levá-los para um socorro, porque não aceitam e só trazem problemas para o local para onde são levados.

E lá fomos nós, todos animados, tentar conversar com eles.

Não é fácil!

Nos que dormiam demos passes, mentalizando nossas forças para ver se conseguíamos despertá-los, acalmá-los e fazer que pensassem em Jesus, em Deus.

Três dos que dormiam despertaram apavorados e, assim que os desligamos, saíram correndo. Certamente seriam socorridos mais tarde. Os que gemiam estavam perturbados pela dor e pelo horror de estarem ali; dávamos o passe e pedíamos que ficassem calmos. Pudemos desligar muitos, socorrendo-os e levando-os ao Posto de Socorro. Em quase todos os cemitérios há um Posto pequeno, para onde os socorristas levam, por pouco tempo, os socorridos.

Alguns repeliam nosso socorro, chegando a nos xingar. A eles nada pudemos fazer.

Para mim, esse trabalho é delicado, e admiro os que o fazem. Não é fácil ver muitas tristezas. A vontade que me deu foi de socorrer todos, mas não é possível e, por isso, ficaram muitos ali presos a seus corpos em decomposição. Mas nosso trabalho deu resultado, porque os poucos que socorremos nos encheram de alegria. Admiro os socorristas dos cemitérios. Quase todos moram no pequeno Posto, trabalham muito, têm pouca folga e são felizes. Amam o que fazem.

– Pensei que ia me sujar ao lidar com tantos irmãos sujos, uns até apodrecendo – falou Luíza com sinceridade.

Frederico respondeu:

– Não, Luíza, nós não nos sujamos. Depois, sabemos plasmar limpeza, limpar-nos pela força da mente. De fato, em sua maioria, os irmãos que sofrem, aqui, estão sujos, mas devemos ver os irmãos que sofrem e pensar que talvez pudéssemos ser um deles. A sujeira externa não é obstáculo ao socorro.

Fomos ver alguns velórios. Sempre uma nuvem cinzenta de tristeza e agonia paira sobre o local. Vimos alguns em que apenas velavam o corpo, com o espírito já desligado, ausente.

Mas em alguns velórios o espírito ali estava, confuso. Em outros, dormiam junto ao corpo. O que atrapalha nesses lugares é a choradeira. Que bom seria se todos entendessem a desencarnação como ela é e aceitassem essa ausência física, ajudando o desencarnado com pensamentos de carinho, orando com fé, auxiliando no desligamento e na sua ida para o plano espiritual!

Raimundo foi com Joaquim tratar, em outro local, de um caso particular. Teríamos duas horas para ficar na crosta e fazer o que quiséssemos. Quase todos seguiram d. Isaura, que quis retornar ao cemitério. Era noite, convidei a turma para ir à minha casa terrena. Alguns aceitaram, Frederico nos acompanhou. Fomos em sete. Entramos em casa e acomodamo-nos na sala de televisão. Sempre me emociono ao entrar no meu ex-lar terreno. Sentir os fluidos dos familiares, o calor humano, o carinho com que sou lembrada, é bem agradável. Começamos a conversar. Meus familiares dormiam.

A conversa esquentou, Zé acabou fazendo um barulho físico na televisão. Aquietamos na hora. Meus pais acordaram, vieram ver o que tinha feito barulho. Não vendo nada, logo voltaram a dormir. Zé, sério, falou dirigindo-se a nós:

– Respeitem a casa de Patrícia, suas assombrações de meia importância.

Foi só risada.

Zé costuma dizer que não somos tão pés de chinelo e nem importantes. Somos somente meio...

Frederico nos explicou que foi possível fazer o barulho, porque havia alguém sensitivo em casa e por estarmos distraídos a conversar. Pediu ao Zé com delicadeza que não fizesse mais esse tipo de brincadeiras. Ele entendeu e se desculpou.

No horário marcado, pegamos o aerobus, que estava em um Posto de Socorro, e voltamos à Colônia.

Na aula de conclusão, todos quisemos falar. Os socorristas dos cemitérios foram nossos heróis.

– Tive vontade de desligar todos os que vi, ainda ligados ao corpo morto – disse Terezinha. – Será que não poderíamos mesmo ter feito isso?

– Se tivéssemos desligado todos, não teríamos agido com sabedoria – respondeu d. Isaura. – Quando fazemos algo prematuramente, resulta quase sempre em prejuízo ao socorrido. Todos os doentes necessitam da medicação certa.

– Vimos também familiares desligando entes queridos, sem a presença dos socorristas. Não pensei que isso fosse possível – falou Marcela.

– Vocês agora sabem, e quem sabe pode fazer, desde que tenha permissão. Vocês viram familiares desligarem seus entes queridos, mas somente os que já podiam ser socorridos; os outros, ou seja, os que não têm merecimento, os familiares não podem socorrer.

– Vimos também os obsessores desligarem aquele senhor. Pensei que só os bons soubessem – disse Luís.

– Saber não é privilégio só das pessoas boas. Os maus sabem isso e muito mais coisas. Desligam, sim, e fazem isso com companheiros e com os que odeiam.

– Espíritos maus podem fazer desencarnar uma pessoa? – Ivo indagou.

– Não. Nem os maus, nem os bons. Só podem desligar. E desligam quando o corpo já está morto. A morte do corpo segue a lei natural. Pode um encarnado matar outro encarnado. Mas não pode o desencarnado matar o corpo de um encarnado. Tanto os bons quanto os maus têm que esperar o corpo físico morrer para desligar o perispírito.

– Já desencarnamos tantas vezes, e cada vez nos parece algo fenomenal. Por que isto? – Glória indagou.

– Falta de educação sobre a desencarnação, falta de entendimento certo. Entre os encarnados, é o Espiritismo que dá a compreensão da desencarnação. Também nem sempre se vive encarnado como se deve, com a consciência tranquila, e a morte, esta desconhecida de muitos, acaba provocando o pânico.

– Existe quem conhece bem a desencarnação e consegue desligar-se sozinho? – indaguei.

– São casos raros, mas conseguem, sim. Quem sabe, para si sabe.

Fiquei duplamente contente, pensei na minha família; certamente, se continuassem a estudar como fazem, não ficariam presos ao corpo morto, e depois, agora eu sabia, aprendi para ajudar.

A desencarnação foi realmente um assunto interessante!

## Capítulo 8

# Reencarnação

Na aula teórica, tivemos conhecimentos de anatomia, estudamos o corpo humano. Depois vimos, através de filmes, muitas reencarnações. Presenciamos nascimentos de gêmeos, observando como dois ou mais espíritos se preparam para reencarnarem juntos. E também como é feito o processo de esquecimento do passado. Todos nós temos na reencarnação um recomeço. Não nos convém recomeçar lembrando o passado. Temos a bênção do esquecimento dos nossos erros, para que no novo corpo recomecemos sem a dor do remorso.

– É útil recordar o passado, outras existências? – indagou Terezinha.

– Quando desencarnados, só se recordam os que estão aptos para isto e se for útil a eles. Encarnados, em alguns casos somente. É prejudicial lembrar-se por curiosidade. Às vezes, recordar é uma terapia. Como em pessoas com tendências ao suicídio. Talvez sabendo um pouco do que sofreu, quando se suicidou em vida passada, lutará contra essa tendência e tentará superá-la. Algumas pessoas com traumas têm seus problemas amenizados com a lembrança. Só recorda sozinho aquele que está amadurecido para isso. Muitas recordações em espíritos imaturos os têm levado à loucura – respondeu Raimundo.

– Vi, quando encarnado, pessoas loucas, que tinham duas personalidades, será que é porque recordavam o passado? – Ivo indagou.

– Cada caso deve ser analisado para darmos o diagnóstico. Mas pode ser que, recordando sem o devido preparo, o cérebro físico adoeça, confundindo tudo. Sei de obsessores que, vendo que o encarnado tem tendências à loucura, o forçam a recordar o passado e assim ele fica doente. O esquecimento é uma bênção!

– Mas ficam em nós fatos do passado, medos, afetos e desafetos, não é mesmo? Sempre, quando encarnado, se tem alguma sensação de conhecer lugares ou pessoas – disse Rosália.

– Todos nós esquecemos o passado para reencarnar, mas fica em muitos a impressão dos acontecimentos mais marcantes. Daí sentirmos essas sensações.

Muitos fatos interessantes foram narrados. Há grupos que se afinam numa grande família espiritual e procuram reencarnar sempre juntos, uns ajudando os outros. Existe também a reencarnação numa tentativa de reconciliar espíritos, embora nem sempre se consiga isso. Conhecemos tantos casos assim, membros de uma família se odiando e, às vezes, até matando um ao outro.

Joaquim narrou sua história:

– Inimigos de séculos fomos eu e outro espírito. Reencarnamos como irmãos nesta minha última existência, para que aprendêssemos a amar. Desde pequenos brigávamos, nos odiando. Numa dessas brigas, atingiu-me ele com uma faca, fiquei gravemente ferido e vim a desencarnar dias depois. Ainda bem que ele se arrependeu, pedindo-me perdão, e eu o perdoei de coração. Ele ainda se encontra encarnado e se arrependeu com sinceridade. Mas entre nós houve tantas ofensas, que teremos de estar juntos de novo para atar laços de afeição.

– Será que poderão brigar novamente? – indagou Cecília.

Joaquim respondeu:

– Espero que não. Tenho me esforçado para aprender: trabalho no Posto, no Umbral, no meio de muito sofrimento para conscientizar-me do bem. Para amar a todos como a mim mesmo.

Fomos ao Departamento de Reencarnação da Colônia. É um prédio muito bonito, cercado de jardins. O prédio de três andares é só para o Departamento. Inúmeras pessoas trabalham ali. Sua decoração é simples, com pintura bege-clara. Possui muitas repartições. Primeiramente ficamos no salão da frente, lá estavam várias pessoas preparando-se para a reencarnação. Misturamo-nos a elas, conversando para saber de seus problemas e o que desejavam.

Aproximei-me de duas senhoras, apresentei-me. A mais velha disse:

– Aqui estou para pedir a reencarnação. Minha bisneta, espírito muito querido, quer engravidar, espero ser esse nenê. Confio nela e sei que me educará bem.

– Preocupo-me – disse a outra senhora. – Quero reencarnar para esquecer. Cometi muitos erros na existência passada e, por mais que tente não sofrer por eles, não consigo. O remorso me persegue. Pedi que me esquecesse, com a bênção da reencarnação. Só que abusei dos vícios, com as bebidas alcoólicas e o fumo, danificando meu corpo sadio. Agora, ao encarnar, terei algumas doenças que me farão ficar longe de tais vícios.

Fiquei a pensar no que ouvi. Procurei Frederico e indaguei:

– Frederico, é possível acontecer o que aquela senhora me disse? – E relatei-lhe o fato.

– Patrícia, somos o que construímos no passado e seremos no futuro o que construirmos no presente. Essa senhora não conseguiu educar-se. Reencarnando deste modo, poderá transmitir ao corpo físico o que pensa.

Misturei-me aos outros novamente. Aproximei-me de um homem e de uma mulher jovens ainda. Ela nos disse:

– Gosto muito da pessoa que vai ser meu pai. Mas não gosto da que vai ser minha mãe. Sei que ela não tem simpatia por mim.

– Não aprendeu a amá-la? – indaguei.

– Bem, não é fácil. Ela é muito chata.

Novamente fui indagar Frederico.

– Ora, Patrícia, todos nós que estamos no rol das reencarnações temos defeitos a superar e virtudes a adquirir. Não é porque vão reencarnar que são santos ou que aprenderam tudo na cartilha do bem viver. Se fossem perfeitos, a Terra não estaria nessa confusão que vemos.

O fato é que este preparo é para poucos. Como também são poucos os que podem escolher os pais, como irão ser etc. Esse preparo só é possível aos que trabalham, são abrigados nas Colônias e nos Postos de Socorro.

Há muitas salas no Departamento. A sala dos pedidos é muito frequentada. É onde se fazem os pedidos para reencarnar. As pessoas que trabalham no Departamento são treinadas e com muita experiência. Têm tarefas no Departamento e na Terra, acompanhando as reencarnações e ajudando a conscientizá-las.

Existe a sala dos moldes, onde são estudadas as formas do corpo que os futuros reencarnados terão. É muito bonita; vimos fazer alguns moldes de corpos perfeitos, que teriam doenças depois de certa idade etc. Os técnicos são preparados, estudiosos e gostam do que fazem. Esses moldes são feitos assim: o espírito que quer reencarnar vai até lá e pede que lhe façam um molde. Baseados no físico dos pais, os técnicos traçam o modelo, levando em conta os pedidos do reencarnante, como doenças, detalhes etc. Quando forem reencarnar e seu perispírito se encolher para se ligar ao feto, tudo é feito baseado neste molde. O molde é feito para o feto, mas sabe-se como vai ficar quando adulto. Não são todos os que reencarnam que fazem uso desta sala. São poucos os que podem escolher o corpo que vão ter. Esses poucos são os casos, em que haja problemas particulares, em que os estudiosos do Departamento pedem que sejam feitos, e os casos de espíritos com muito merecimento.

Há a sala de espera, onde ficam os candidatos à reencarnação que pedem para reencarnar e aguardam sua vez.

Aprendi muito conversando com as pessoas. E notei que não pensam da mesma forma. Muitos gostam da vida encarnada e pediam nova oportunidade no corpo.

Outros queriam a reencarnação porque lhes era necessário, mas amavam a vida no plano espiritual. Em alguns deles o medo estava presente, temiam perder-se na matéria. Sabem que a encarnação ilude a muitos e que o caminho das facilidades é mais prazeroso. Sabem que crescer espiritualmente não é fácil.

Conversamos muito, animamos todos. Reencarnar é morrer para o mundo espiritual.

A aula prática foi ótima, pelo menos não vimos choradeira. Nascimento é quase sempre motivo de alegria.

Flor Azul juntou-se a nós. Perguntei-lhe:

– Como vai o trabalho no Centro Espírita?

– Muito bem. Temos tido muitas atividades ultimamente.

Pensei: "Coitado, tanto trabalho e ele aqui comigo". Esqueci que ele podia ler meus pensamentos. Respondeu tranquilamente:

– Sim, há muito trabalho, porém o meu é este agora e o faço com amor. Coitado é aquele que não gosta do que faz. Saber que confiam em mim para protegê-la é um presente que recebo.

Sorri, e também pensei: "Tenho muito que aprender, para viver sem dar 'ratas' no plano espiritual".

Primeiramente fomos ver o encontro de pais com futuros filhos.

Os trabalhadores do Departamento trazem o espírito, o candidato à reencarnação, até a casa dos pais ou da mãe. Afastam os encarnados do corpo, enquanto dormem. São na maioria encontros felizes. Só trazem dificuldades quando a reencarnação é para reconciliar e os encarnados não querem aceitar os inimigos por filhos.

É emocionante ver espíritos afins se reencontrarem. Comovemo-nos ao ver um encontro entre futuros pai e filho. Dois espíritos amigos há séculos.

Vimos também espíritos se ligarem aos fetos. O espírito reencarnante fica junto à mãe, grudadinho. É tão lindo! Que maravilha é a maternidade!

Presenciamos uma reencarnação frustrante, que não deu certo. A gestante adoeceu, danificou o feto e ele morreu.

– E agora? – quis saber Cecília. – Que irá acontecer?

– Aproveitamos para ajudar a mãe – disse Frederico. – Este espírito será levado de volta ao Departamento e tentará de novo.

– Com esta mesma família? – Ivo perguntou.

– Tudo indica que sim, porque são afetos, mas, se não for possível, escolherá outra família.

Observamos, também, chegar ao hospital uma mãe que provocara o aborto e estava com grande hemorragia. O reencarnante estava colado a ela. Os técnicos o retiraram de perto da mulher e o levaram ao Departamento, a um local próprio.

O que gostamos de ver foram os partos, e ajudar. Que gostoso é ver um nenê nascer. Nascimento é festa para a maioria dos encarnados. Ver pais felizes com os filhos é alegria para nós todos.

Mas há reencarnações que não dão certo, ocorrendo a desencarnação da criança logo em seguida. Isso acontece por muitos fatores, e o espírito é sempre levado de volta ao Departamento. Lá, ou planejam reencarnar novamente ou retomam o aspecto que tinham antes da reencarnação frustrada. Isso ocorre para um aprendizado.

Vimos uma mãe que doou o filho, não querendo nem vê-lo. Soubemos que o reencarnante fora seu inimigo, e ela sentiu repulsa ao tê-lo. Novamente fomos à sala de aula para a conclusão. Este assunto, embora fascinante, não foi intenso. As perguntas foram poucas.

– Como se sente o espírito após um aborto?

– Se o aborto foi natural, ou seja, algo não deu certo e o feto morreu, o reencarnante sente por não ter dado certo, tenta de novo, às vezes com os mesmos pais; se não é possível, escolhe outros. Não sentem dor, nada. É como se você fosse dar um salto, tenta e não dá certo, prepara-se e tenta de novo. Já no aborto provocado, o espírito não sente dor, mas sente a repulsa, a rejeição.

Normalmente é socorrido e levado para o Departamento. Mas há casos em que o reencarnante se revolta e não pode ser socorrido; retoma a forma anterior e passa a ser obsessor dos pais ou da mãe.

– Pode haver algum acidente imprevisto na reencarnação? – Ivo perguntou.

– Sim, nós vimos um aborto natural, em que, infelizmente, a mãe ficou doente e o feto morreu.

– Achei muito interessante o caso que vimos de o pai querer o reencarnante por filho, e a mãe, não – comentou Cecília.

– De fato – respondeu Frederico –, isso é comum: um dos cônjuges quer um espírito por filho, e o outro, não. Os técnicos sempre tentam reconciliar ambas as partes.

– Todas as mães que dão os filhos o fazem porque eles foram seus inimigos? – Luís perguntou.

– Não, muitas vezes o fazem por necessidade, outras por não querer responsabilidade. Também acontece, como o caso que vimos, de serem inimigos, e a mãe não querê-lo.

Há outros tipos de reencarnação: os não assistidos por espíritos protetores do bem. Não vimos esses casos no curso. Não me cabe agora entrar nesses pormenores, pois eu ainda não estou inteirada do assunto.

Pensei bem, não quero reencarnar tão cedo. Amo tanto a vida no plano espiritual! Porém, sei que um dia terei novamente de fazê-lo. Entendi agora bem o que um senhor no Departamento me disse:

– Ora, se todos entendessem o que é a vida quando encarnados, chorariam na reencarnação e não na desencarnação!

## Capítulo 9

# Causa e Efeito

A aula teórica sobre causa e efeito, ou causas dos sofrimentos, foi muito movimentada. Todos tinham exemplos e histórias para contar.

Frederico abriu a aula fazendo uma bela dissertação:

– Somos herança de nós mesmos. Somos o que construímos. Se almejamos melhorar, temos que fazê-lo agora, no presente. Veremos, neste estudo, pessoas que sofrem, estão sentindo o efeito, e estudaremos a causa. Toda causa produz um efeito. Causas boas, efeitos bons; causas ruins, efeitos negativos. Na Terra, são poucos os que chegam às universidades; para uma minoria, o carma negativo é anulado pela transformação interior, pelo trabalho no bem, reparando erros com acertos. É o fazer pelo sofrer. Mas, para a maioria, o carma negativo é eliminado pela dor. Fez, paga: porque quase todos pensam assim, e deve ser assim até o amadurecimento, para o espírito entender. Para resgatar erros, reparando-os, é preciso muita sinceridade. Deixar o que se tem que fazer para o futuro é adiar; adiamento esse que nem sempre é possível, pois o abuso traria piores consequências. É importante crescermos com compreensão. A oportunidade de crescer pelo amor todos temos; se a perdermos, a dor, sábia companheira, vem nos impulsionar. Reparar erros pelo amor, pela transformação interior, é assunto das Colônias de Estudos, para os que querem continuar aprendendo. Assim os que estiverem interessados podem, após o curso, continuar a estudar, aprofundando-se no tema.

"Quando encarnado, muito errei, mas compreendi o erro, e essa compreensão fez com que trabalhasse na Medicina com muito amor. Usei meus conhecimentos médicos para o bem de todos que me procuravam. Troquei o resgate do sofrimento pelo trabalho em prol de outros e pela minha transformação interior.

"Na última passagem pela Terra, conheci Patrícia. Ela vivia encarnada na sua penúltima encarnação. Essa amiga errou, sofreu, e pediu para reencarnar. Planejou desencarnar jovem após longa doença. Mas isso não se deu; regressou jovem ao plano espiritual, mas não esteve doente. Sua vivência no bem, sua modificação e realização interior anularam o carma negativo, e ela não necessitou do sofrimento das doenças para ajustar-se.

Modificou o efeito. Isso é possível, mas é preciso que seja realmente sincero, e essa modificação, essa realização, seja verdadeira."

Enquanto Frederico falava, senti que era verdade, senti que ficaria doente por muito tempo, piorando sempre. Esse sofrimento seria uma reação, mas que foi modificada. Não necessitei sofrer para vencer.

Frederico continuou a explicar:

– O corpo perispiritual e o corpo material formam uma composição harmoniosa de energias. Quando agimos egoisticamente, desequilibramos esta composição vibratória no espírito e no corpo. Há então decomposição ou doença. Vendo o erro, o espírito quer repará-lo e, para tanto, tem que mudar sua maneira de viver, não externamente, mas com profunda compreensão. A dor, quando compreendida, transforma o indivíduo na sua maneira de agir. Mas, se não compreender, a dor pode induzi-lo à revolta, e poderá acontecer maior acúmulo de desequilíbrio, ou dívida.

Frederico deu uma pausa; todos nós prestávamos atenção na exposição que desenvolvia. Com sabedoria completou:

– As reações, os efeitos, podem ser tanto para a felicidade como para o sofrimento. Uma pessoa que viveu no bem tem logo ao desencarnar a reação de um socorro, da felicidade no plano espiritual.

"Os efeitos do bem, que trazem paz e harmonia, não precisam ser modificados. Já os do sofrimento podemos, pelo livre-arbítrio e vontade, anular ou suavizar. Mas nosso estudo é sobre os efeitos pela dor, pelo sofrimento."

Todos nós poderíamos falar, dar opiniões e contar a própria história.

Murilo foi o primeiro:

– Quando encarnado, tive o braço e a mão direita sempre com feridas. Quando elas secavam, deixavam meu braço negro. Doía muito. Sofri com isso, desde menino até minha desencarnação. Só depois de algum tempo socorrido, internado em um hospital na Colônia, foi que sarei. Há pouco tempo pude saber o porquê da minha doença, que nada e ninguém conseguiu curar. Na minha outra existência fui um coronel orgulhoso e surrei vários negros escravos por serem preguiçosos. Desencarnei, sofri muito, e culpava o braço e a mão que seguraram o chicote. Reencarnei sentindo-me culpado e uma doença veio queimar os fluidos negativos que eu mesmo gerei pelo remorso.

Lauro também contou sua história:

– Encarnado, desde pequeno tive asma; por toda minha existência tive crises, que muito me incomodavam, e sofri. Era pobre, meus pais desencarnaram e tinha de trabalhar para me sustentar, já que meus irmãos, igualmente pobres, não podiam cuidar de mim ou me sustentar.

As crises faziam com que faltasse ao trabalho e fui muitas vezes despedido. Sentia muita falta de ar; quando ficava muito mal, internava-me em hospitais, e foi numa dessas vezes que desencarnei, sendo enterrado como indigente. Mas fui resignado, sentia que era merecido meu sofrimento. Muitas vezes chorei, mas não me revoltei. Desencarnei e fui socorrido, porque todos os que sofrem com resignação, como eu, têm a bênção de um socorro. Isso se a pessoa foi boa. Tive que ficar internado num hospital para tirar a impressão da doença que tanto me afligia. Há algum tempo soube que fui suicida na existência anterior. Por motivo bobo, danifiquei o corpo perfeito, destruindo-o imprudentemente. Suicidei-me por um amor não correspondido. Atirei-me num rio fundo, morrendo afogado.

Lauro emocionou-se ao narrar. D. Isaura aproveitou para dar alguns esclarecimentos:

– Nem todas as reações, efeitos, têm causas semelhantes. Nem todos que sofrem de asma agiram como Lauro. Os motivos são muitos para se ter uma existência com falta de ar.

Laís também quis falar:

– Encarnada, fui casada com uma pessoa boa. Tentei tudo para ter filhos e não consegui. Vivi frustrada e desejosa de ser mãe. Depois de um tempo desencarnada, querendo saber o porquê de não ter tido filhos, soube que na existência anterior fiz muitos abortos, somente porque não queria deformar meu corpo. O companheiro fora também o mesmo desta existência e me incentivava a abortar.

– Laís – Nair perguntou –, você quitou o carma negativo que você mesma gerou? Você se sente em paz a este respeito?

– Sofri e aprendi pela dor a dar valor à maternidade. Mas poderia ter adotado crianças órfãs por filhos. Se tivesse feito isso, teria anulado pelo amor o efeito negativo que criei. Talvez viesse a ter, nesta mesma encarnação, filhos. Quando amamos filhos alheios como nossos, estamos modificando a reação. Infelizmente não soube fazer isso. Fui egoísta.

James narrou o que se deu com ele:

– Quando estava com quarenta anos, fiquei surdo. É bem triste não ouvir nada. Trinta anos fiquei sem escutar som algum. Também sofri um derrame que me fez ficar num leito anos seguidos. Tive muitos filhos, mas só uma filha cuidou de mim. Nesta encarnação fui bom, honesto e trabalhador. Penso, ou tenho certeza, que sofri pelos erros de outras existências. Mas não tive coragem de recordar. Talvez porque não tenha quitado tudo. Por isso estudo, quero quitar o resto, anular os efeitos dos meus erros, empenhando-me no trabalho do bem, na minha transformação interior.

Todos estamos envolvidos por histórias deste tipo. Quase todos falavam de si, como Glória:

– Logo na adolescência fiquei doente, tinha acessos, desmaios, em que me debatia e babava. Sofri muito e constantemente passava vexames e dava espetáculos. Era só sair de casa para ter esses acessos. Saía, ficava nervosa e eles vinham. Era muito católica. Muitas vezes tive essas crises nas missas, e o pároco me disse, tentando ser gentil, que estava dispensada de assistir à missa. Mas gostava tanto de ir, de rezar, e fiquei muito triste. As pessoas tinham receio do contágio e, muitas vezes, caí na rua e lá fiquei. Éramos pobres, mas enquanto tive mãe encarnada estava protegida. Quando ela desencarnou, fiquei com meus irmãos, cada época com um. Sentia que não era bem aceita. Mas não tinha para onde ir, e com pouco estudo, não conseguia arrumar trabalho. Já tinha quarenta anos quando passei a tomar remédios mais fortes e modernos, e os acessos abrandaram. Desencarnada fui socorrida, porque sofri com resignação e nada fiz de errado. Soube que vivi os primeiros anos encarnada obsediada. E que foi minha mãe desencarnada que tudo fez para que eu fosse perdoada. Na existência anterior, fora um rico senhor de escravos, pratiquei muitas maldades e não fui perdoado por três espíritos, que me acompanharam, vingando-se. Depois de anos, eles se cansaram porque, orando sempre, fiz com que não conseguissem me atingir muito. Mas, pelos meus próprios erros, sofri. Hoje estes três espíritos estão encarnados, e os ajudo sempre que posso.

Luíza disse:

– Na última encarnação, tive uma doença que me fez ficar com as pernas defeituosas, andava com dificuldade. Desencarnada vim a saber que na existência anterior suicidei-me, atirando-me em um precipício, danificando meu corpo que era perfeito.

D. Isaura voltou a afirmar que as reações nem sempre são iguais, embora as ações sempre resultem numa reação.

Raimundo deu uma aula interessante de como a reação acontece. Ao fazermos o mal, o erro fica registrado em nós. É como colocarmos a mão num metal quente, e a dor virá como reação, na hora, após meses, ou séculos. Só que poderemos, nesse intervalo entre o ato e a reação, cortar esse efeito ou suavizá-lo com amor verdadeiro, com trabalho desinteressado no bem e com a modificação interior.

Vimos filmes de países onde muitos desencarnam de fome, seja pela seca ou pela guerra. Vimos a reação de muitas pessoas, em grupos afins, que necessitam desse doloroso aprendizado para dar valor aos acontecimentos simples, à fraternidade e à honestidade. Muitas pessoas sentiam o efeito da ação nefasta de usar o cofre público indevidamente. Ou de usar a guerra para fazer maldades, acumular fortunas.

Observamos também pessoas que cometeram muitos erros e marcaram seus perispíritos com tantos fluidos negativos que, além de ir por afinidade para o Umbral e lá sofrer por anos, ao reencarnar passaram para o corpo físico esses fluidos como doenças, para se purificar.

Nem todo sofrimento é por reação negativa; às vezes, não aproveitando as lições de amor para progredir, a dor nos obriga a caminhar. Porque é através, quase sempre, da dor que procuramos Deus, uma religião, a modificação interior, e fazemos a troca de vícios por virtudes.

Foi muito proveitosa a aula teórica.

Capítulo 10

# Ação e Reação

Não tivemos muito trabalho na aula prática; realizamos tudo com pouca ajuda.

D. Isaura explicou:

– Tenho aqui algumas fichas de pessoas encarnadas que levarei para a crosta. Iremos vê-las e, pelas suas fichas, saber qual a ação que desencadeou a reação presente. Deixo claro que nada há de curiosidade, isto é feito para que possam aprender com exemplos verdadeiros.

Viemos para a Terra de aerobus, deixando-o num Posto de Socorro. Todos juntos fomos ver as pessoas que íamos estudar.

Vimos um homem com quarenta anos aproximadamente. Era alegre, um deficiente mental, conversava sentindo-se muito importante. Às vezes, andava com seu cavalo de pau, vendo-se em cima de um garboso cavalo. Tocava uma violinha de brinquedo e cantava canções que ninguém entendia. Andava pelas ruas, e algumas pessoas o ajudavam, outras mais por brincadeira o contrariavam, deixando-o nervoso. Às vezes, corria atrás das pessoas que mexiam com ele. Sofria de epilepsia, que, com os ataques, fazia-o cair e debater-se, deixando-o machucado.

– Este irmão – disse d. Isaura – já foi obsedado. Com o passar dos anos, os espíritos que o acompanhavam acabaram por desistir da vingança. Tudo o que sente é reflexo dos erros do passado. Nesta encarnação é bem cuidado pela mãe, que por doenças sofre muito também. São muito pobres, passam por muitas necessidades. Ele, na existência anterior, era um senhor de escravos, nesta região mesmo. Foi casado, e sua ex-mulher é agora sua mãe. Foram orgulhosos e cometeram muitas maldades. Para sustentar o luxo, deixavam os escravos quase sem roupas e com pouco alimento. Se outrora cavalgava sobre bonitos cavalos, agora anda com seu cavalo de pau. Outrora ia a saraus, onde tocava e cantava, enquanto seus escravos gemiam em sofrimento, agora é ridicularizado enquanto dança e canta pelas ruas. Mas ele sofre, seu espírito orgulhoso aprende num corpo deficiente, sem saúde, sofrendo ataques que o deixam caído pelas ruas.

Demos passes nele e na mãe. Esta senhora nesta encarnação sofre com humildade. Oramos por eles.

Vimos um mudo, também deficiente mental, que andava perambulando pelas ruas da cidade. Estava a sentir a reação de uma vida anterior de caluniador e intriguista. Desencarnado, teve o remorso destrutivo que danificou suas cordas vocais e o cérebro físico. Abusou da inteligência para prejudicar muitas pessoas. Estava inquieto, tinha dores no abdome; fizemos um círculo de oração, ele se acalmou, emocionou-se e chorou. Frederico elucidou-nos:

– Ele sente as emanações de carinho, pois recebeu bem nossos fluidos. Que seus sofrimentos sejam a aprendizagem de que necessita. Que ele aprenda para não mais errar.

Vimos um aleijado numa cadeira de rodas. Esse irmão era revoltado, e a revolta que sentia gerava nuvens escuras em sua volta. Era mal-humorado e invejoso. Dispersamos as nuvens escuras com passes e tentamos dar-lhe pensamentos otimistas. As nuvens sumiram, mas sabíamos que ele logo as criaria novamente. Vimos seu passado. Na existência anterior fora casado com uma viúva rica que tinha um filho. Sua esposa tinha um irmão solteiro, que ia deixar a fortuna para o sobrinho que fosse o melhor peão. O casal teve mais filhos, e ele queria que a fortuna do cunhado fosse para um de seus filhos e não para o enteado, como tudo indicava. Planejou um acidente. Ao saber que o enteado ia montar um cavalo bravo, cortou o arreio e ficou observando. O animal derrubou o mocinho, que ficou inconsciente. Vendo que nada sofrera, pegou um pau e quebrou as duas pernas dele. Naquele tempo não havia os recursos que há hoje, e a medicina não pôde recuperar as pernas dele. Ficou aleijado e não pôde mais montar. Um dos filhos dele acabou recebendo a fortuna. E agora, nesta encarnação, ainda menino, sofreu um acidente e teve as pernas amputadas, deixando-o nesta cadeira.

– Na revolta, resgata seu carma? – quis saber Ivo.

– Aquele que se revolta não aproveita o sofrimento como preciosa lição. Sofre, às vezes, mais. Resgata. A diferença do bem sofrer e mal sofrer é a aceitação e a compreensão do sofrimento. Aceitando o sofrimento, ao desencarnar é socorrido e logo está bem; desencarnando revoltado não terá o socorro e continuará sofrendo até se tornar humilde – respondeu Frederico. – A revolta faz mal a ele mesmo. Faz com que seja desagradável, seja uma pessoa que os outros não gostam de ter no seu convívio. Ele se amargura e sofre mais.

Vimos um casal de cegos. Ser cego não é fácil, basta fechar bem os olhos e pensar que ficaremos por muito tempo assim.

Cada um deles tinha ações diferentes para estar sofrendo esta reação. Ela, por ciúmes, mandara cegar uma pessoa. Na existência anterior, ordenou a dois capangas que sequestrassem uma jovem rival, passassem veneno em seus olhos e a abandonassem na floresta. A jovem teve a visão quase toda danificada. Quando a mandante do crime desencarnou, sentiu remorso, que a fez ficar cega; reencarnou e trouxe para a matéria os olhos sem vida.

Ele é cego e inteligente, é espírito que quer evoluir. Ao recordar, desencarnado, de seu passado, de suas existências anteriores, viu que há muito tempo fora um general que mandava cegar os vencidos. Isso o chocou de tal forma, que quis vir nesta encarnação cego, para não sentir mais remorso. Os dois trabalham para viver, e é ele quem a sustenta com otimismo e fé.

Ele não poderia cuidar de pessoas cegas, ajudá-las, em vez de reencarnar cego? – Luíza perguntou.

– A escolha foi dele – respondeu Raimundo. – Temos o livre-arbítrio. Talvez tenha temido falhar. Pode-se, desencarnado, fazer planos de ajudar pessoas cegas. Aqui, encarnado, muda-se muito, porque as ilusões da matéria fazem quase sempre esquecer os propósitos. Muitos falham. Desencarnados, fazem muitos planos, mas a maioria volta ao plano espiritual falida.

Ao ver estas pessoas, dávamos passes, alegrando-as, fazendo-as se sentirem melhor. Fomos visitar uma escola de deficientes mentais. Um número grande de crianças ali estava. Três delas estavam obsedadas. Primeiramente as cercamos e nos tornamos visíveis para os obsessores. Com delicadeza, tentamos convencê-los a acompanhar-nos, deixando suas vítimas. Dois espíritos que estavam com uma menina nos ouviram atenciosos, e foi com alívio que escutamos que iriam conosco, pois estavam cansados de sofrer e a vingança não os interessava mais. Nós os levamos para o Posto de um Centro Espírita onde, na próxima reunião, seriam doutrinados e levados para uma escola na Colônia. No segundo caso, o obsessor nos olhou desconfiado, conversou pouco, prometeu pensar em nossas propostas e saiu do local. Havia uma criança obsediada que era influenciada por dois espíritos. Os três estavam bem entrelaçados. Os obsessores nos escutaram de forma confusa não chegando a nos entender. Raimundo disse:

– Não podemos no momento fazer nada, mas este local é visitado sempre por socorristas, que darão atenção especial a estes três, que por erros comuns estão entrelaçados no ódio. Como estão, se afastarmos um dos desencarnados, a criança corre o risco de desencarnação. Ela é novata na escola, acredito que logo os socorristas conseguirão orientar estes desencarnados e levá-los para um socorro.

São muitas as más ações que levam os espíritos a reencarnar com deficiências mentais. É raro, mas há espírito que, por determinado objetivo, reencarna deficiente sem ser pela reação negativa. Ali estavam espíritos que abusaram da inteligência. Outros danificaram o cérebro com tóxicos e álcool. Outros cometeram suicídio. Alguns praticaram tantos erros e o remorso destrutivo fez com que deformassem o cérebro perispiritual, trazendo para o corpo esta deformidade, ao reencarnar.

Aproximamo-nos de um menino com deficiência bem acentuada.

Ele fora rico, filho mais velho, e tinha uma irmã. Era adolescente quando o pai desencarnou, deixando a mãe nova e muito bonita. Estava com dezessete anos quando sua mãe começou a interessar-se por outro homem. Ele passou a seguir a mãe e escutou-a conversando com o namorado. Descobriu que iam se casar e que ela estava grávida. Não querendo que a mãe se casasse e que, ainda, tivesse mais filhos para repartir a herança, planejou o crime, matou a mãe com uma faca e fez a culpa cair sobre um ex-escravo que trabalhava na fazenda. Nessa época, já tinha acontecido a abolição. Fingindo grande dor e indignação, sem esperar um julgamento, mandou colocar o negro no tronco e chicoteá-lo até a morte. Ainda deu a entender que a mãe era amante do negro. Assim o negro desencarnou no tronco sem maiores problemas para ele. Seu avô ficou sendo seu tutor até a maioridade. Ficando maior, passou a tutelar a irmã mais nova. Era trabalhador, inteligente e multiplicou os bens. Não querendo que a irmã se casasse, começou, logo que ficou mocinha, a lhe dar, sem que ela percebesse, tóxico, fazendo-a passar por louca e doente. A irmã desencarnou moça e passou a obsediá-lo. Ele casou, teve filhos, foi respeitado, mas acabou fazendo uso de tóxico, na tentativa de amenizar o remorso. Desencarnou em péssimo estado. A irmã o perseguiu por anos. Depois o remorso destrutivo danificou seu cérebro, que fora perfeito. Reencarnou como vocês agora veem, centraliza no corpo os fluidos negativos que ele mesmo criou.

Olhamos os deficientes com profundo amor e carinho. Seus sorrisos simples, seus modos frágeis fazem com que tenhamos vontade de abraçá-los. Fizemos isso, passamos-lhes alegria. Nada é eterno e nem a reação é infinita. Tudo se renova, o tempo passa, a desencarnação vem, e eles, socorridos e orientados, têm outro reinício. Confesso que me apiedei de todos. Só os imprudentes pensam que nada tem retorno. Ver as pessoas sofrerem as reações, os efeitos, é triste. Se soubessem os encarnados que ninguém faz nada sem retorno e que só anulamos esses efeitos com muito amor e renovação, não cometeriam tantos erros.

Depois de termos ficado horas com eles, findou a excursão e retornamos à Colônia.

Na aula de conclusão, houve muitas perguntas respondidas por Raimundo.

– Pode-se pedir para reencarnar cego, surdo ou mudo? – indagou Luíza.

– Sim, pode. O Departamento das Reencarnações estuda cada caso. O solicitante recebe orientação e, se quiser assim mesmo, os instrutores verificam se será bom ou não para ele. Só depois de feito um estudo favorável é que ele pode reencarnar com deficiência, porque a maioria das deficiências são as que criamos em nós mesmos pelos nossos erros.

– Pode-se querer ser deficiente para crescer espiritualmente, progredir? – Ivo indagou.

– Sim. Às vezes um espírito acha que só assim, deficiente na matéria, acordará para o progresso. Mas lembro-os que deficiência é um sofrimento que fará bem só a si mesmo. Progredir pelo trabalho no bem, pela transformação interior, é muito mais meritório. Mas há pessoas que conciliam a deficiência com a transformação interior e se dão muito bem. Normalmente, quando isso acontece, conseguem arrastar muitos com seu exemplo.

– O que acontece se alguém, sofrendo muito pela reação de más ações, se suicidar? – Marcela perguntou.

– Além de não quitar seu carma negativo, terá ainda sua situação agravada. Ao suicidar-se, encontrará dores piores e não terá seus problemas resolvidos.

– Conheço – disse Murilo – um senhor médium que sempre deixa para depois o trabalho no bem, o trabalho com sua mediunidade. Diz não ter chegado ainda a hora de trabalhar, de seguir a Doutrina Espírita. Tem um carma negativo a anular. Que acontecerá com ele?

– Não se deve deixar para depois o que se pode e deve fazer hoje, agora. Se ele tem que anular o carma e não o faz, se perder a oportunidade do amor, só restará a dor. Não basta fazer promessas, tem que realizar. Não posso afirmar o que acontecerá com ele; talvez, se continuar a recusar-se a trabalhar com a mediunidade, a dor sábia virá como reação.

– Vimos um deficiente mental que recorda seu passado e seus erros. Os outros não recordam, por quê? – indaguei.

– Como vimos, cada caso é um caso. Não se pode tachar nada no plano espiritual como regra geral. Este espírito fixou tanto a mente nos seus erros, que nem com a reencarnação conseguiu esquecer.

– Que acontecerá com ele? – quis saber.

– Desencarnará logo, será atendido e internado num hospital, numa ala própria para irmãos com deficiência mental, e dependerá dele sua recuperação. Depois, como acontece sempre com esses irmãos, porém não é regra, novamente repito, reencarnará outra vez e aí esquecerá tudo.

– Ele vive as duas existências? – Mauro perguntou.

– Não, ele vive o que é hoje, mas sua mente confusa recorda a encarnação passada, agravando mais sua deficiência. Tem no passado a ideia fixa.

– É verdade que deficientes mentais são sempre socorridos, ao desencarnar, por uma equipe especial? – indagou James.

– Sim, é verdade. São desligados, socorridos em alas próprias de hospitais nas Colônias onde se recuperam.

– Os sofrimentos são sempre reações? – indagou Glória.

– Como já foi dito, não. Ao pararmos, não querendo progredir, a dor pode nos impulsionar ao progresso. São muitas as vezes em que o sofrimento nos faz voltar ao Pai Amoroso, a uma religião, à modificação interior.

Chegou ao término este assunto tão fascinante; tinha algumas horas livres. Fui visitar vovó e amigos. Lenita estava à minha espera na escola, abraçamo-nos carinhosamente; foi comigo à casa de vovó. Que bom rever amigos. Vovó e suas amigas me receberam com alegria. Conversamos animadas. Fui também ver minhas violetas, estavam lindas e floridas. Como é bom ser amada desta forma, ser lembrada com carinho pelos entes queridos e deles receber incentivos. Estávamos ligados pelo amor verdadeiro, sem egoísmo. As violetas eram o símbolo deste carinho. Beijei suas florzinhas coloridas e mandei um pensamento de gratidão a minha mãe.

Falei entusiasmada do curso, contei-lhes detalhes. Vovó comentou:

– Ah! Patrícia, se todos fossem como você, se todos os que desencarnam pensassem e agissem como você!

– A Terra seria um planeta de regeneração – completei brincando.

Passei momentos agradáveis entre amigos.

Capítulo 11

# Loucura

Impressionante e realmente fascinante é o cérebro humano, residência central da alma; arquivo do nosso passado, nascedouro de toda a criatividade humana, sede de toda felicidade e alegria, quando isento de conflitos.

Mas a maioria de nós não faz outra coisa senão deteriorar a capacidade mental através da deturpação das forças e energias que recebe da bondade divina. É um fato corriqueiro, que muito pouco nos chama a atenção e, quando chegamos a vê-lo acontecendo com nossos irmãos, procuramos as causas dessas infelicidades e dores em agentes externos, como as anomalias físicas, ou na ignorância de nossos irmãos obsessores. Dificilmente paramos para pensar que o caminhar da natureza cósmica é no sentido do aperfeiçoamento de todas as suas manifestações, incluindo também o homem. Mas quase nunca o homem olha para dentro de si e reconhece que é em si mesmo que reside a fonte de seus próprios males e infortúnios.

Meditando sobre esses fatos, iniciei a aula teórica em que estudamos o cérebro humano. Vimos que o cérebro físico é idêntico ao perispiritual. Numa aula difícil, estudamos as partes do cérebro e seus respectivos nomes. Montamos um cérebro de "plástico" para termos a real ideia de como é formado. Impressionante e maravilhoso é o cérebro humano. Aprendemos os nomes complicados das doenças que o atingem e seus sintomas.

Vimos filmes sobre doenças mentais e também sobre doentes. Estudamos e vimos a loucura sem a obsessão. O motivo por que a obsessão é a causa de muitas doenças e loucuras, estudaríamos posteriormente. As doenças mentais são quase todas de origem espiritual. Estão ligadas a um passado cheio de erros. Muitos doentes recordam total ou parcialmente, de forma confusa, existências anteriores e perturbam o cérebro, que, predisposto a adoecer pelas muitas maldades que fizeram, não consegue se equilibrar. Recordações do passado não prejudicam pessoas equilibradas e que já quitaram suas dívidas ou o carma negativo.

Tivemos uma aula interessante na qual aprendemos a nos concentrar em outras mentes e saber o que estão pensando ou o que está se passando. Aprendemos para ajudar. Só podemos ler com a permissão de quem estamos pesquisando, ou quando este está muito necessitado de ajuda. A mente perturbada é fácil de ler, porque seus pensamentos estão fixos em determinado assunto. Claro que só com estas aulas não iríamos sair lendo pensamentos. Mas era um início. Para desenvolver esse processo com perfeição, leva-se tempo e é necessário prática. Este estudo serviria apenas para ler os pensamentos dos doentes e ajudá-los. Temos que nos concentrar na mente do outro, e o que ele pensa vem à nossa mente. No começo líamos de forma incerta, pedaços somente, depois com o treino fomos nos aperfeiçoando. De desencarnado para desencarnado é mais fácil. Depois aprendi a ler a mente dos encarnados. Mas só faço isso para uma ajuda, nunca por curiosidade. Depois, como já disse, a mente perturbada é mais fácil. Em doentes mentais os pensamentos são sempre muito confusos.

Na aula prática, fomos ao hospital da Colônia. Os doentes perturbados ficam no hospital em alas separadas. Dentro dessas alas ainda são isolados, dependendo de seu estado. Esses socorridos, é claro, não estavam obsedados, mas muitos tinham sido quando encarnados.

Visitamos primeiramente os que se encontravam já em recuperação. A enfermaria é grande, com muitas janelas, leitos, cadeiras, algumas mesas com flores, quadros na parede e cortinas nas janelas. Era uma enfermaria feminina. As doentes usam roupas brancas, vestidos ou conjuntos de calças compridas e camisas.

A primeira impressão que se tem é que estão bem, não têm dores, mas, em algumas, os olhos são um tanto parados, em outras, inquietos. Umas falam muito, outras são quietas. Receberam-nos bem, gostam de conversar e falar de seus problemas. Recebemos orientação e permissão para tentar pôr em prática o que aprendemos sobre a leitura da mente. Fomos até lá para conversar com as doentes, tentar ajudá-las com conselhos, dar passes e convidá-las a orar conosco.

Fui conversar com uma mocinha que parecia estar com quinze anos, mas tinha vinte e três.

– Você quer me escutar mesmo? – interrogou-me. – Posso contar minha vida a você?

– Claro que pode. Fale o que quiser – respondi.

– Eu era uma boa moça, ou todos pensavam que era. Honesta e trabalhadeira, ajudava minha mãe, viúva, a costurar para as freguesas. Comportava-me um tanto estranha, maníaca, mas nada sério. Tinha vinte e dois anos, não arrumava namorado e acabei apaixonada por um homem casado, passando a encontrar-me com ele às escondidas. Fiquei grávida. Ele não queria nada comigo; arrumou e pagou para que fizesse aborto. Temendo os comentários maldosos e minha mãe, fiz o aborto. Ninguém ficou sabendo, mas depois desse gesto fiquei doente. Tornei-me louca e fui internada num sanatório, onde desencarnei após um tratamento de choque. Sofri muito, fui perseguida por um espírito inimigo de outra existência. Esse espírito, tentando reconciliar-se, ia nascer como meu filho e eu o abortei. Não me perdoou, o ódio voltou mais intenso e me perseguiu pelo Umbral. Depois de algum tempo fui socorrida. Agora estou bem.

Observando-a, vi que ela fora um espírito endividado que, na encarnação anterior a esta, muito errou e, quando desencarnou, sofreu muito no Umbral e acabou perturbada. Fez um tratamento e reencarnou. Na vida física, após novo erro com o aborto, seu cérebro desarmonizou-se e o obsessor conseguiu deixá-la doente. Se não errasse nesta, não iria adoecer. Assim, vimos casos em que os obsessores esperam uma oportunidade, como novos erros e desequilíbrio sentimental, uma dor como a da desencarnação de entes queridos, que baixa a vibração, para poder atuar.

Esses doentes gostam tanto de atenção que, às vezes, querem nos narrar tudo de novo, querem que fiquemos perto e lhes dediquemos atenção. A moça agarrou a minha mão.

– Deixe-me ficar mais perto de você, sinto-me bem! Deixe!

Naquela hora, ninguém estava no leito. Isabel, assim se chama, e eu estávamos sentadas nas cadeiras perto de sua cama. Alguns colegas meus e alguns doentes saíram para o pátio defronte à enfermaria, que tem muitos canteiros floridos. Apiedei-me dela e a convidei a ir comigo conversar com uma senhora que há tempo nos olhava sorrindo. Fomos, Isabel ficou quieta, só escutando, mas não largou minha mão. Após os cumprimentos, a senhora pôs-se a falar:

– Filha, estou doente, mas não sou louca como dizem. Engraçado, aqui não me chamam de louca, mas no outro lugar, sim (referia-se ao período de encarnação). Sou uma baronesa, falo, falo e ninguém acredita. Tenho casa grande, bonita, empregados e escravos, mas moro nesta tapera feia, com pessoas que dizem ser meus parentes. Tenho roupas bonitas e visto-me assim, com as feias. Já nem sei quem sou. Sou Maria? Ou Carmela? Que confusão. Quem você acha que sou? (Falava, mas não esperava resposta.) Sou as duas, ou nenhuma. Dizem que fui Carmela, morri ou desencarnei e nasci ou reencarnei como Maria. Mas todos são um só. Por que sou duas? Queria ser Carmela, que se vestia bem, alimentava-se bem, era bonita e rica.

– Não gostava de negro? – indaguei. – Maria é negra.

– Não, tenho horror, são sujos e burros. Mas sou negra, não vê? Não era e fiquei.

Tentei explicar que, na existência anterior, foi Carmela, e que teve o corpo morto, depois reencarnou como Maria. Ela repetiu sua história novamente. Dei-lhe um passe e ela se acalmou. Ali estava um caso de recordação fora de hora, fruto verde. Talvez tenha relembrado pela ação de algum obsessor, querendo perturbá-la. Ou ela mesma, fascinada com a encarnação como Carmela, não esqueceu, e as lembranças confundiram-na quando voltou como Maria, numa encarnação de que não gostava e repeliu, por ser pobre, feia e negra, raça que detestava.

Íamos para outra enfermaria. Isabel me soltou chorando e querendo que prometesse voltar para vê-la. Disse-lhe que faria o possível. Tinha pouco tempo livre e precisava fazer coincidir meu horário livre com o de visita. Quando terminou o curso, fui revê-la. Já estava bem melhor. Sorriu ao me ver, conversamos muito. Queria reencarnar, havia pedido, mas os instrutores disseram que ela tinha que ficar mais tempo no plano espiritual. Convidaram-na para estudar. Incentivei-a, Isabel é analfabeta. Falei da escola com carinho, ela ficou entusiasmada. Lá ela aprenderia o Evangelho, a Moral Cristã, que muito bem lhe fariam.

Essas enfermarias que vimos são de doentes que, encarnados, tiveram anomalias mentais. No plano espiritual há muitas enfermarias de doentes que, encarnados, foram sadios e, ao desencarnarem, perturbaram-se com o sofrimento ou o remorso.

Fomos a uma enfermaria masculina. Quando entramos, um senhor me olhou fixamente e disse:

– É você!

Assustei-me, e Frederico foi até ele.

– Ela o quê?

– É linda!

Zé me disse baixinho:

– Aí, Patrícia, fazendo sucesso até por aqui!

Frederico ficou conversando com ele, que, enquanto estivemos lá, olhou muito para mim.

Outro fato interessante aconteceu nessa enfermaria. Um doente confundiu Nair com outra pessoa que fora sua amiga. Pegou em sua mão e não soltava. Frederico e Raimundo tiveram de prostrá-lo com um passe para que largasse a mão dela.

Fui conversar com um velhinho. Após os cumprimentos começou a falar:

– Fui um caçador, morava perto de uma pequena floresta. Atirava bem. Um dia, por acidente, matei um outro caçador. Temendo as consequências, coloquei a arma na mão dele como se ela tivesse disparado. Deu certo e o fato foi dado como acidente ou suicídio. Passados uns anos, minha filha queria casar com um sujeito mau, vagabundo e cínico. Sem ninguém saber, marquei uma caçada com ele, dizendo que era para conversarmos sossegados. Atirei nele e fiz como da outra vez. O acidente teve suspeitas, mas como não houve provas ficou por isso mesmo. Mas esse espírito me obsediou até que fiquei perturbado. Meus familiares diziam que estava caduco. Desencarnei e sofri muito. Já faz tempo que estou no hospital.

Acabou de falar, abaixou a cabeça e ficou triste, animei-o; depois sorriu para mim.

– Como é bom ter a consciência tranquila!

Fui conversar com outro senhor que, logo depois de conversarmos um pouco, narrou sua história:

– Na encarnação anterior a esta, fui à guerra, matei muitos homens e cometi maldades com os prisioneiros. Reencarnei em outro país, era pobre e trabalhador. Mas alguns inimigos me acharam e ficaram esperando uma oportunidade: se eu cometesse algum erro ou baixasse minha vibração, iriam obsediar-me. Apaixonei-me por uma moça rica que nem sabia que eu existia. Criei coragem e confessei-lhe meu amor, mas ela riu de mim. Tomei veneno, só que não morri, fiquei mudo. Passado algum tempo, minha mãe desencarnou. Aí senti muito e perturbei-me. Acabei sendo o mudo-bobo. Vivi anos assim, sozinho numa casinha, a pedir esmolas. Com o tempo os obsessores foram embora, sei que foi minha mãe que fez com que eles me perdoassem. Desencarnei e fui socorrido, porque sofri resignado por muitos anos. Estou aqui há pouco tempo. Tenho ainda as "ideias" confusas. Às vezes, lembro-me da guerra e grito. Mas, graças a Deus, estou melhorando, e estar falando novamente é bom demais.

Chegou a dormir, quando recebeu o passe.

Fomos ver os que dormiam em pesadelos. Formamos equipes de cinco, para dar passes em cada um deles. Ao orarmos, às vezes víamos seus pesadelos.

Uma senhora sentia falta do seu obsessor a quem estava ligada pelo ódio e pela paixão. Queria-o e chamava-o sem parar. Um enfermeiro nos disse que o espírito que a obsedara ficou no Umbral, não quis o socorro.

– Ele sente chamá-lo? – indagou Laís ao enfermeiro.

– Não, a distância é grande e as vibrações muito diferentes.

Lemos os pesadelos de um senhor que teve a tara do sexo e, para se satisfazer, matou duas crianças.

Vimos também uma senhora que matou, afogada, uma criança, menina de dois anos, para vingar-se da patroa. Ninguém descobriu, e deram o fato por acidente. Mas um dia o remorso veio e ela passou a sofrer muito.

Tudo muito triste de ver. Erros, remorsos e sofrimentos podem perturbar alguém e, quando encarnado, pode vir a ter uma das doenças mentais como reação...

Viemos à Terra por poucas horas e fomos visitar um sanatório. Desta vez, viemos só para ver casos de loucura sem obsessão. Nossas visitas ajudam os doentes: fazemos círculos de orações e damos passes. Quase sempre esses doentes manifestam suas doenças quando cometem erros; sentem uma dor maior, têm que enfrentar as responsabilidades ou são acolhidos por acontecimentos desagradáveis. Vimos nesses encarnados as doenças de que eram portadores e seus sintomas.

Não tivemos muito que debater na aula de conclusão. Só Luís perguntou:

– As doenças mentais são hereditárias?

– A hereditariedade pode dar aos indivíduos as tendências físicas. Mas, quase sempre, reencarnam com espíritos afins e tantas vezes quantas as que participam de erros em conjunto. Pode ser que erraram juntos e, por isso, resgatam juntos. Quando o espírito se equilibra, o cérebro físico também será equilibrado.

Foi bom para todos nós esse estudo.

Capítulo 12

# Obsessão

Viver em paz consigo mesmo é fonte perene de alegria e felicidade. Mas, quando me foi dado conhecer pessoalmente o trabalho de recuperação de obsessores e obsediados, uma tristeza tão profunda me atingiu que pareceu partir todo o meu ser, ao ver o estado lamentável em que ficam credores e devedores, verdadeiros atores representantes do ódio, a destruírem-se mutuamente. Constrangedora e até dolorosa a influência negativa exercida por esses irmãos, ainda fixados no egoísmo quase absoluto.

Difícil é o trabalho de socorro a eles, exigindo dos espíritos que se dedicam a esse mister dedicação e paciência tão grandes que chegamos a ver nessa atitude o reflexo do amor divino, amor sem fronteiras, vencedor do tempo e do espaço, na busca da recuperação de seus filhos. O Pai não abandona Seus filhos e os socorre através de Seus próprios filhos, envolvendo todos no Seu grandioso amor, esperando, pela eternidade, que voltemos para o cultivo da fraternidade.

Nada melhor que as lições de Allan Kardec para nos ensinar o que seja obsessão. É a ação persistente de um espírito sobre uma pessoa. Apresenta características diversas, desde a simples influência de ordem moral até a completa perturbação do organismo e das faculdades mentais. As piores obsessões são as de ação vingativa. Normalmente, o obsessor e o obsediado se relacionaram em existências anteriores. A obsessão, a subjugação e a possessão levam muitos à loucura.

Normalmente o obsessor tenta dar ao obsediado uma ideia fixa. Às vezes, faz recordar parte da existência anterior para que ele se confunda. Quase sempre, entre o encarnado e o desencarnado, ou os desencarnados, há lutas e troca de ofensas. O ódio e a paixão os unem.

Em nossa aula prática viemos para a Terra, já que tínhamos visto no hospital da Colônia ex-obsediados, desencarnados, que foram obsediados quando encarnados. Como sempre, viemos de aerobus, paramos num Posto de Socorro, na Terra, e saímos para ver alguns casos de obsessão. O primeiro que analisamos foi de simples influenciação mental. Como o de um desencarnado que não sabia que desencarnara e estava perto, "encostado", em uma encarnada, uma menina, vampirizando suas energias, ou melhor, trocando energias. Ela começava a sentir sintomas das doenças, do mal-estar que o desencarnado sentia. A menina tinha o pai, desencarnado, perto de si. Sentia dores e tristeza que começavam a afetar seu físico. Tentamos intuir a mãe a levá-la para tomar passes. Foi um alívio para nós, quando ela resolveu ir a um Centro Espírita. Ao tomar o passe, o espírito também recebe e se sente melhor. O pai, desencarnado, foi convidado a permanecer no Centro Espírita, para ser doutrinado mais tarde, na sessão de desobsessão.

Vimos um encarnado, fanático religioso, tendo perto de si um desencarnado também fanático, os dois se afinavam. Estavam sempre a discutir religião. Olhamos, observamos e nada fizemos, os dois se sentiam bem assim.

Entramos em três bares. Os encarnados bebiam. E eram poucos os que não estavam acompanhados por desencarnados. Ali, muitos espíritos sugavam o hálito dos que bebiam, embriagando-se juntos. Alguns desencarnados bêbados, ou que queriam beber, ficavam perto de qualquer encarnado que bebia. Outros desencarnados ali estavam com companhia fixa. Vimos um que obsediava um encarnado, mas não se embriagava, queria que seu obsediado bebesse para se tornar ridículo, um farrapo humano. Os desencarnados bebiam e fumavam, participando das conversas dos encarnados. É estranho ver desencarnados bêbados. Não diferem dos encarnados. Brigam entre si, riem, caem, dizem grosserias. Alguns parecem animais e, na maioria, são sujos, com cabelos e unhas grandes, e babam. Ali só observamos, sem sermos vistos. Não fizemos socorro.

– Nem todos os encarnados bebem por influência dos desencarnados! – Zé comentou.

– Grupos se afinam, ambos, encarnados e desencarnados, bebem porque gostam. São escravos dos vícios, até que se libertem – respondeu d. Isaura.

– Esses desencarnados ficam muito tempo assim? – Luíza indagou.

– Depende de cada um – respondeu novamente d. Isaura. – Uns ficam muitos anos, outros cansam-se logo. Esses espíritos são presas fáceis de espíritos do Umbral, que os fazem escravos. Mas, quando querem largar o vício, sempre encontram ajuda, sejam encarnados ou desencarnados.

Fomos ver um grupo se drogando. Eram oito encarnados, só dois adultos, e os seis jovens já estavam dopados. Tive dó, conheci alguns. Também não pudemos fazer nada. O grupo dos desencarnados que se drogava com eles era maior: vinte, todos perturbados. Figuras estranhas, sujas e mal cheirosas. Os drogados encarnados ainda têm sempre quem cuide deles, mas os desencarnados que se drogam, não; e para eles nada mais importa.

Fizemos um cerco ao redor deles. Raimundo se fez visível aos desencarnados. Irradiou grande luz, que por momentos os tonteou. Temeram, tentaram fugir, mas não conseguiram. Raimundo falou com eles. Convidou-os a uma libertação, a um tratamento. Eles, após o susto, escutaram quietos, mas com risos cínicos. Quando Raimundo acabou de falar, eles vaiaram. Nenhum se interessou em mudar. Já tínhamos observado o bastante e fomos embora, deixando todos drogados.

Fomos a um Centro Espírita, numa sessão de desobsessão. Ali estavam três obsediados com seus acompanhantes. O primeiro caso, o mais simples, era de uma senhora que estava acompanhada por sua irmã, que não sabia ter desencarnado. O fato de desencarnar e ficar com familiares é comum, e também fácil de resolver, porque basta fazer o desencarnado entender seu estado e levá-lo para um socorro. Há casos em que o desencarnado volta, mas normalmente o problema é resolvido facilmente no Centro Espírita.

– Se a obsediada não tivesse vindo ao Centro Espírita, o que aconteceria? – Indagou Terezinha.

– O desencarnado acabaria por entender seu estado, ou clamaria por auxílio, ou sairia a vagar; situações assim normalmente não duram muito, embora provoquem muitos transtornos – respondeu Frederico.

O segundo caso era de uma moça cujo obsessor era um apaixonado, desprezado na existência anterior e que agora a obsediava. Não queria que ela fosse feliz nem arrumasse namorado. Também não foi difícil de resolver. Incorporado, recebeu orientação, sendo levado a um Posto de Socorro para se tratar.

O terceiro caso, mais difícil, só seria resolvido após um tratamento com passes e com a desobsessão dirigida aos dois. Juntos há tempos, estavam tão unidos que não se podia afastá-los sem um preparo. Os dois estavam sendo orientados.

O Centro Espírita é sem dúvida um Posto de Socorro para espíritos encarnados e desencarnados doentes, um amparo a todos os que sofrem. Amo de forma especial os Centros Espíritas ativos no bem e dou graças por ter conhecido, quando encarnada, o Espiritismo.

Fomos para o sanatório. Ficamos alojados no Posto de Socorro, no plano espiritual, junto ao hospital material. O Posto é muito bonito, simples, confortável, bem moderno e aparelhado. A equipe dos desencarnados de lá auxilia também os encarnados doentes. Ali ficamos quatro dias. Chegamos à noite e fomos descansar. No dia seguinte cedinho, fomos ao salão e fizemos orações pedindo ao Pai a compreensão para ajudar com sabedoria.

Muitos dos internos estavam obsediados. Quando chegam a ponto de ficar doentes mentais é porque a obsessão existe há bastante tempo; e obsessões de muito tempo quase sempre danificam o físico. Necessitam os doentes de tratamento para a matéria. Observamos também que muitos dos desencarnados, obsessores, estavam igualmente perturbados, doentes também. Muitas das obsessões eram por vingança e cobrança.

Pusemo-nos a trabalhar. Separamo-nos em grupos de três a cinco, para ajudar um de cada vez. Quando essas excursões vêm a hospitais e sanatórios, os encarnados que cuidam dos doentes sempre comentam: "Que paz há por aqui! Estes dias estão tranquilos".

Ajudaríamos, nesses dias, os encarnados enfermos, os enfermeiros, os médicos, enfim todos os que lá trabalham.

Meu grupo se aproximou de uma jovem negra, tinha dezoito anos. Ao seu lado, uma moça branca desencarnada. As duas, no passado, na encarnação anterior, apaixonaram-se pelo mesmo homem. A desencarnada tinha se suicidado ao se ver desprezada. A jovem negra na outra encarnação não foi boa, cometeu muitos erros. Reencarnou com vontade de acertar, e é honesta. Apaixonou-se novamente pelo amor do passado. A outra, desencarnada, não quis e não quer ver os dois juntos, interferiu de tal forma, obsediando a rival, que ficou perturbada e foi internada no sanatório. O rapaz casou-se com outra. A desencarnada não sabe. A jovem encarnada falava o tempo todo em fogão. Ora ela era um fogão e, quando falava isso, a desencarnada ria gargalhando. Ora falava que ganhou um fogão, que a cama era um fogão. A ideia fixa de fogão era a desencarnada que lhe dava por ela ter se suicidado colocando o fogo de um fogão no corpo. Tentamos conversar com a desencarnada, mas não foi fácil. Ouvia-nos sem entender bem, estava perturbada, e seu pensamento era só o de separar os dois. Fizemos círculos de orações, demos passes e, no quarto dia, acabamos por encaminhá-la a um socorro. Foi levada para uma das enfermarias, das que havíamos visitado, para doentes mentais na Colônia. A encarnada também estava doente, mas com o tratamento certo logo ficaria boa.

Vimos uma senhora que ocupava um quarto pago. Era de família de muitas posses. Ao seu lado estava uma negra que a obsediava. A encarnada gostava de se enfeitar, a obsessora também, as duas pareciam amigas. Mas era só aparência. Ao tentarmos conversar com a desencarnada, vimos que ela odiava a outra, mas ao mesmo tempo gostava de viver perto dela. Escutou quieta nossa argumentação. Pensei que fosse naquela hora conosco. Mas nos disse, cínica:

– Acabaram? Já lhes dei muita atenção. Queiram retirar-se.

Na segunda vez que nos dirigimos a ela, ouviu-nos já inquieta.

Ao ser convidada a vir conosco, gritou batendo o pé no chão:

– Não e não! Não vou! Por que querem que a largue? Por que querem que ela fique boa? Sabem o que ela me fez? Era sua escrava, sua aia. Ela sempre foi caprichosa e má, e só porque achou que não passei sua roupa direito me jogou água quente no rosto e no corpo. Ainda me fez trabalhar toda queimada. A queimadura infeccionou, passei dias entre a vida e a morte. Sarei e fiquei toda marcada com a pele repuxada. Isso ela fez comigo! Fez muitas outras maldades, não só a mim, como também a muitos outros escravos. Por isso, desistam, não vou. Fico com ela até que desencarne.

Frederico aproximou-se e a olhou fixamente, fez com que ela visse, recordasse o porquê dessa reação. Na existência anterior, fora um capataz que marcava com ferro quente os escravos. Recordou tranquila.

– Já recordei isso! Outros como vocês tentaram me levar, mostram tudo para mim. Fiz e sofri! Mas esta fez mais e tem que sofrer. Fico aqui!

Raimundo mostrou-lhe por uma tela portátil a Colônia com toda sua beleza. Olhou curiosa, depois, cínica, comentou:

– Isso não é para mim!

Raimundo nos disse:

– Há muito tempo esta mulher obsedia a outra. A encarnada foi de fato tudo o que ela disse. Reencarnou na mesma família. Quando adolescente o pai se suicidou e foi ela quem o encontrou enforcado. Perturbou-se e a desencarnada pôde atuar numa obsessão marcada. Mas recebi ordem do Departamento de Pedidos para tentar tudo e separar as duas.

Raimundo aproximou-se da desencarnada, olhou-a bem, e as manchas com as bolas da queimadura apareceram em seu rosto e braços. Ela começou a gritar:

– Feiticeiro! Isto não! Dói muito! Não quero lembrar! Tire isto!

– Só se você vier conosco – respondeu Raimundo tranquilo.

– Não!

Afastamo-nos, Raimundo nos esclareceu.

– Devo levá-la por livre vontade, seria fácil levá-la à força. Mas a encarnada sentiria muito, podendo até desencarnar. Se ela vier de livre vontade, embora eu esteja forçando para seu próprio bem, a encarnada sentirá, mas não irá ser prejudicada.

Raimundo vigiou-a de perto. Ela se contorcia, chorava de dores. Tão ligada estava à encarnada, que esta ficou inquieta, passando a mão pelo rosto e braços, e começou a queixar-se de dores. Por oito horas a desencarnada aguentou as dores. Pediu socorro aos gritos. Raimundo se fez visível a ela, abraçou-a fraternalmente e tirou dela a queimadura.

– Filha – disse Raimundo com carinho –, venha conosco. Venha para ser feliz! Irá aprender muitas coisas, irá reencarnar e esquecer.

– Vou – disse séria.

– Vá se despedir da encarnada, tire dela seus fluidos.

A desencarnada aproximou-se da encarnada e a abraçou.

– Adeus! Vou embora! Deixo você sozinha. Se puder, volto para vê-la.

Raimundo a levou para a Colônia. Sumiram as dores da encarnada, mas ela sem saber por que começou a chorar sentida. No outro dia estava triste, tudo fizemos para alegrá-la. Ela sentia falta da desencarnada. Frederico nos disse:

– Ela não era só obsediada. Tem uma lesão no cérebro que se agravou ao ver o pai morto daquela forma. Agora, sem a obsessão, ela melhorará, mas não irá sarar. Isto é consequência dos muitos erros que cometeu.

Vimos viciados encarnados, internados para se desintoxicarem e espíritos junto a eles, como se fossem encarnados a se tratarem. Levamos todos os que pudemos para hospitais da Colônia e dos Postos de Socorro.

Os quatro dias foram produtivos, muito fizemos, muito ajudamos, muito aprendemos.

De volta à Colônia, estávamos satisfeitos. Ajudar nos faz bem. A aula de conclusão foi bonita, todos os casos foram comentados. Marcela suspirou ao dizer:

– Como não se pratica o perdão sincero! Como o erro acarreta sofrimento! Como nos prejudicamos ao fazer uma ação que necessite de perdão!

As perguntas não foram muitas, porque tudo o que vimos ficou bem explicado. Mas sempre se tem algo para esclarecer. Glória perguntou:

– Frederico, uma pessoa boa pode ser obsediada por um espírito que se julga prejudicado, mas na verdade não foi?

– O desencarnado pode tentar se aproximar, mas, se o outro é bom, as vibrações diferem de tal modo que ele não pode atuar. Também, se o encarnado começar a se perturbar, os bons sempre têm auxílio, seja de outros encarnados seja de desencarnados.

– E se o encarnado não for tão bom, mas nada fez de mau ao desencarnado, embora este julgue que fez, pode obsediá-lo? – perguntou de novo Glória.

– Uma obsessão sem maiores consequências, às vezes, não é tão prejudicial quanto imaginam. Muitas vezes, leva as pessoas a procurarem ajuda em Centros Espíritas. Se a pessoa não for tão boa, pode obsediá-la sim. Mas o encarnado, sendo inocente, não irá aceitar. Ele tem seu livre-arbítrio. O que faz o espírito obsediar é a aceitação do encarnado por ter a consciência pesada.

– A jovem do fogão irá sarar totalmente? – Ilda perguntou.

– Acredito que sim. Muitas vezes, ao afastar o obsessor, logo o corpo físico se recupera ou, pelo menos, a doença é controlada.

– Vimos muitos obsessores perturbados. Que acontecerá a eles? – Laís indagou.

– Chegará o dia em que serão socorridos, aí serão submetidos a tratamentos. Quando curados, vão estudar ou reencarnarão. Mas, enquanto estão vagando, ficam a perturbar e perturbados.

– Não pudemos trazer todos os obsessores, por quê? – indagou Cida.

– Seria bom curar todos, socorrer todos. Mas isso traria resultado? Não, continuariam a errar. E para o erro não há reação? Pudemos trazer os que conseguimos fazer querer o socorro. Argumentamos com todos, uns quiseram, outros não. Só forçamos a ex-escrava, porque foi pedido pela encarnada. Solicitações que chegaram ao Departamento de Pedidos foram analisadas e concluiu-se que era chegada a hora de separá-las. Que bom se pudéssemos atender todos! Mas como desta vez trouxemos muitos, haverá muitas outras vezes. Aos poucos serão todos a querer o socorro. Só que aí haverá outros. Mas o sofrimento cansa, e os obsessores sofrem também.

Meditei muito nesses problemas que atingem muitos, como a obsessão, e concluí:

– É falta de seguir os ensinamentos de Jesus! Quem ama o próximo não lhe faz maldades. Quem ama o próximo não persegue. Quem ama vive em harmonia!

## Capítulo 13

# Pedidos

A aula teórica foi pequena. D. Isaura nos explicou que estudaríamos os pedidos que encarnados e desencarnados fazem a santos, almas ou espíritos, a Jesus, a Nossa Senhora etc. São tantos os pedidos que nas Colônias há Departamentos onde eles são estudados e encaminhados a equipes que irão atendê-los.

– Esses pedidos são feitos ora com fé, ora querendo facilidades entre os encarnados – disse d. Isaura. – Alguns são atendidos na hora, outros dependem de algum tempo. Por exemplo: um homem ao se ver em perigo grita pela ajuda de Maria, mãe de Jesus; qualquer bom espírito por perto pode atendê-lo. Quem proporciona essas graças são equipes de espíritos em nome de qualquer entidade. Isso não importa. Honras a encarnados só importam a eles mesmos. A nós, trabalhadores do bem desencarnados, só importa o bem que fazemos.

– Fazer promessas é errado? – indagou Glória.

– Muitos fazem de boa-fé, mas já é tempo de se entender que não se podem trocar bens materiais por favores espirituais. É muito mesquinho: você faz isto, que faço aquilo. Pode-se pedir, mas sabendo que, se for atendido, não precisará dar nada em troca. Bastará agradecer.

– O que é certo pedir? – Ivo perguntou.

– O mais certo é fazer por si mesmo. Mas pode-se pedir para melhorar, para ter paciência, ter forças, sabedoria, para trocar vícios por virtudes. Isto é mais viável.

– Muitas pessoas fazem promessas – disse Joaquim. – Minha mãe fez uma para eu cumprir, mas desencarnei e não a realizei. Ela achou, por isso, que eu estava no inferno. Sofria e transmitia a mim sua agonia. O padre aconselhou que ela mesma cumprisse. Mamãe cumpriu e me deu sossego. Senti muito quando ela me imaginava no inferno.

– O não cumprimento do que se prometeu incomoda a si mesmo. Conheço pessoas que desencarnam e não têm sossego, ficam a vagar com aflição por não terem cumprido uma promessa. Outros não cumpriram e até se esqueceram; socorridos, ao lembrar, aprendem que esse fato não interfere no auxílio, quando desencarnam. Bons espíritos não cobram. É nosso costume cobrar de nós mesmos. Mas, já que prometemos, trocamos favores, recebemos ajuda do outro, é honesto cumprir. Não se pode prometer algo para outro cumprir. Não somos responsáveis pelos pedidos e promessas de outros. Quando os terráqueos evoluírem mais, não haverá promessas.

– Há os que fazem promessas cujo cumprimento é a melhora interior? – Lauro perguntou.

– Bem poucos. Prometem muito e, às vezes, coisas muito difíceis de cumprir! Raramente fazem promessa para melhorar, deixar um vício.

Na aula prática, fomos conhecer o Departamento de Pedidos. Não são iguais, variam muito de uma Colônia para outra. Nas Colônias grandes, ou nas que ficam próximas de onde, no plano físico, há romarias, esses Departamentos são grandes. Na Colônia de São Sebastião está localizado dentro do prédio das Religiões. Tem quatro salas grandes. A primeira ocupa-se com pedidos de desencarnados. Sem a roupagem física, pede-se bem menos. Não se fazem promessas, mas educa-se para a gratidão. Lá, nessa sala, chegam pedidos de desencarnados da Colônia e Postos de Socorro. São solicitações para mudar de trabalho, de moradia e, muitas, para ajudar entes queridos, desencarnados ou encarnados.

As outras três salas se destinam a atender pedidos de encarnados. Na primeira, são separados e encaminhados para as duas outras, a fim de serem analisados;

depois, voltam à sala de origem, para serem encaminhados aos socorristas ou aos espíritos que trabalham nesse Departamento, isto é, são separados os que poderão ser atendidos.

Não há muitos pedidos sem promessas, por isso a segunda sala é pequena; nela são analisados os apelos conscientes, sem promessas. Muitos são atendidos. Essa sala é muito agradável, tem lindos quadros na parede.

Todo o Departamento é pintado de amarelo-claro e tem como enfeites muitos vasos de flores. A terceira sala, bem grande e com várias mesas, é para os que pedem com promessas. Os pedidos são ali separados, e as mesas têm plaquinhas com nomes de Santos, de Jesus, de Almas. Os dirigidos à Virgem Maria são numerosos. Depois fazem a separação em viáveis e inviáveis. Os considerados inviáveis não serão atendidos, como os casos de pedidos para chover ou não chover, para vitória de times esportivos, para ganhar em loteria etc. Os viáveis são os que podem ser atendidos, em parte ou totalmente. Nesse caso, os pedintes recebem a visita dos trabalhadores do Departamento, que depois dão seu parecer final. Se aprovados, os trabalhadores atendem, e a pessoa obtém a graça, aí resta ao pedinte cumprir o prometido.

Tudo consta de fichas bem organizadas. Nelas há o nome de quem pede, o endereço e o que se pretende.

Quando a solicitação é feita, os do Departamento anotam. Por exemplo: se a pessoa pede em uma igreja, um trabalhador registra e leva o pedido para o local próprio. Mas há solicitações que vêm direto ao Departamento. O pensamento age à maneira de um telefone, como se o pedinte com fé assim se comunicasse. Não é com todas as pessoas que ocorre esse fato, mas basta ter fé para que aconteça. Duvidar é cortar a ligação.

– Por isso é que muitos convocam as pessoas que consideram boas, que têm fé, para orar por eles – disse Zé.

Em sua maioria, os pedidos têm origem em locais como igrejas, cemitérios, nos próprios lares etc. São anotados e levados ao Departamento. E isso é feito não só pelos que lá trabalham, mas também por qualquer espírito do bem e, às vezes, são espíritos familiares ou trabalhadores de qualquer outro setor. Nos cemitérios, os socorristas de lá mesmo é que tomam nota.

Estávamos curiosos e observando tudo, quando um orientador da casa nos disse gentilmente:

– Podem ler os pedidos, mas façam o favor de os colocar, depois, no mesmo lugar.

Admirei-me da quantidade. Peguei alguns que estavam como viáveis. Eram pedidos de cura, para largar de fumar, para aceitar o filho que não conseguia amar. Ali estavam também anotadas sugestões para os socorristas.

A ficha da mãe, pedindo a Nossa Senhora que a ajudasse a amar o filho, foi analisada, e viram que mãe e filho foram inimigos no passado e que, nesta encarnação, estavam juntos para se reconciliar. A ajuda consistia em conversar com ela, enquanto o corpo dormia, e fazê-la entender a necessidade de aceitar o filho. Envolvê-la em pensamentos diários durante seis meses, incentivando-a ao perdão e ao carinho.

– Dará certo? – indaguei a um trabalhador, mostrando a ficha.

– Creio que sim. Dependerá de que ela aceite nossas orientações – respondeu gentilmente.

Pede-se muito, e a pilha de solicitações inviáveis era grande. Peguei algumas para ler. Numa delas, uma senhora rogava às almas do purgatório ajuda para que o marido não descobrisse que ela o traíra; rezaria três terços no cemitério.

Em outra, um rapaz pedia a Santo Antônio que o ajudasse a se casar com uma moça rica e bonita; iria à missa uma vez por mês durante toda a vida.

Certa moça suplicava à Virgem Maria que a livrasse de estar grávida, era solteira.

Alguns, inviáveis, eram insistentes, com pedidos a vários santos de uma vez e com promessas incríveis.

O orientador do Departamento gentilmente nos esclareceu:

– Respeitamos todas as formas de crenças e todos os pedidos. Se aqui chegaram é porque foram feitos com fé, embora saibamos que muitos não têm base em fé raciocinada. Respeitamos mesmo os pedidos para encobrir erros, como este que pede à Nossa Senhora Aparecida proteção para não ser preso enquanto rouba. Nele, há mais ignorância do que maldade.

Marcela leu alto as palavras de um traficante que pedia proteção para não ser descoberto e preso. Prometia dar uma grande quantia em esmolas para os pobres. O orientador elucidou-nos:

– Todas as vezes que esse solicitante está para receber um carregamento de tóxicos, faz promessa semelhante. Não o ajudamos, não podemos auxiliá-lo como deseja, e os acontecimentos ficam à revelia. Há algum tempo promete e, porque não foi preso, paga a promessa. Já tentamos ajudá-lo, incentivando-o a mudar a forma de viver, a deixar de traficar. Mas, infelizmente, não é isso que quer, pois gosta do que faz.

Após analisar tudo, saímos com um grupo de socorristas que ia atender algumas solicitações.

O primeiro caso era o de um senhor, pedindo que sarasse. Estava no hospital, tinha câncer em estado adiantado. Não obteria a cura do corpo, seu pedido não seria atendido, mas o auxiliariam de outra forma. Os socorristas iriam assisti-lo e incentivá-lo a ter bons pensamentos e a resignar-se. A equipe o visitaria todos os dias, até que desencarnasse. Sentiu ele nossa presença e recebeu os fluidos doados, ficou calmo e adormeceu.

Uma outra súplica nos comoveu. Uma menina de oito anos, órfã de mãe, desejava a genitora de volta.

– Mas isso não é inviável? – indagou Glória.

– O pedido, sim – respondeu Frederico –, mas não a ajuda. Os socorristas também irão, por um determinado tempo, visitá-la todos os dias, consolando-a e ajudando-a a aceitar a desencarnação da mãe.

Já outra senhora queria ajuda, porque se sentia mal, com falta de ar. A seu lado estava um desencarnado a vampirizá-la. Os socorristas fizeram-se visíveis a ele, conversaram e o convenceram a ir para um Posto de Socorro.

Depois fomos ver como se anotam as fichas. Era em uma igreja. Naquela hora da tarde, estava quase vazia. Só um trabalhador do bem ali se encontrava. Aproximamo-nos de uma senhora que orava com fé, aos pés do altar do Coração de Jesus. O trabalhador do bem anotava seu pedido, enquanto ela orava. Queria que o filho fosse aprovado na escola.

– Essa senhora será atendida? – perguntou Ivo ao trabalhador.

– Os trabalhadores do Departamento podem ir até o filho e incentivá-lo a estudar. Às vezes, pode estar com algum problema de saúde ou com algum desencarnado atrapalhando. Nesse caso, aconselha-se à mãe, em forma de intuição, a procurar um médico ou um Centro Espírita. Sabendo a causa, podem os trabalhadores achar uma solução. Mas, se for preguiça, só pode ser incentivado. Ninguém irá fazer o que lhe compete: estudar.

Depois fomos a um lugar de romaria. Ali, muitas pessoas pagavam promessas ou pediam graças. As súplicas eram diversas: desejavam obter facilidades, riquezas. Algumas eram comoventes, pediam saúde, melhora de caráter. Estas últimas, aliás, geralmente eram feitas para outras pessoas, como a esposa que desejava que o companheiro largasse a bebida, e o filho, o tóxico.

Em lugares de romarias há equipes grandes de trabalhadores. Os pedidos são encaminhados normalmente ao Departamento de uma Colônia. Se o local é muito frequentado, o Departamento fica ali mesmo, como em Aparecida do Norte. Uma equipe grande trabalha ali, onde os pedidos são anotados e levados, depois, para as salas construídas no plano astral, como continuação da construção material.

– Lugares de romaria são atacados pelos irmãos do Umbral? – perguntou Cida.

– Sim, por isso os trabalhadores são também guardas, e o local está equipado com raios elétricos – respondeu Raimundo.

– Que acontece se o raio atingir um encarnado? – Joaquim perguntou.

– Nada, somente atinge os desencarnados – continuou a elucidar Raimundo. – Os trabalhadores do local estão aptos a lidar com esses raios, e não acontecem contratempos.

Porque muitas pessoas vêm de longe, de diversas partes do Brasil, os socorristas vão, depois, a seus lares. Todos os pedidos recebem respostas.

Vimos um senhor pedir que ganhasse um carro na rifa. Os trabalhadores não iam interferir no sorteio. Mas, sim, incentivá-lo a pensar mais na parte espiritual.

Em épocas de grandes romarias, o local recebe ajudantes extras. É comovente ficar ali escutando as súplicas. Há tantas pessoas com fé!

Não trabalhamos durante o estudo que fizemos, só observamos.

Voltamos à Colônia. A aula de conclusão, como sempre, serviu para tirar dúvidas. Joaquim foi o primeiro a perguntar:

– Como é feita a ajuda de pedidos que envolvem tempo, como a de um senhor que pediu proteção ao neto que acabava de nascer?

Frederico é que respondeu:

– Isto é inviável. O recém-nascido não terá proteção especial por causa da solicitação. Ajuda, em todos os momentos, todos nós temos. Mas um pedido de outra senhora que reza a vida toda para ter uma boa morte, ou desencarnação, aí sim, quando chegar a hora, terá assistência. Se for boa, terá um socorro mais profundo, se não, só assistência para desligá-la e lhe dar as primeiras orientações.

– Uma senhora pediu com fé a Nossa Senhora que ajudasse o esposo desencarnado. Como é feita a ajuda? – indagou Rosália.

– Os socorristas podem pesquisar e saber onde o esposo está. Se está bem, nada será feito. Se está sofrendo, analisam o caso. Pode ser que não queira ajuda no momento, assim, não será auxiliado, e o pedido não poderá ser atendido. Mas, se sofre e quer o socorro, receberá ajuda.

– Vimos uma senhora que faz promessas demais, por qualquer coisa. Que acontecerá com ela? – Ivo perguntou.

– Age erradamente; já tentaram instruí-la, orientá-la para que mude. Os pedidos de acontecimentos do dia a dia seguem seu curso. Os trabalhadores não podem perder tempo com isso. Vamos desejar que ela mude, mas, se não o fizer, nada acontecerá a ela. Vimos que não age de má-fé.

– Pede-se muito para chover ou não chover – disse Ilda –, são todos inviáveis?

– Sim, todos.

– Impressionei-me com uma senhora que rogava para morrer, para desencarnar – disse Lauro.

– A solicitação é inviável, mas ela receberá ajuda. Vão incentivá-la a querer viver encarnada, vão tentar que alguém, encarnado, converse com ela e a ajude. Não desencarnará fora de hora. Não se pode ajudar ninguém a desencarnar assim.

– Num caso de perigo, o pedido passa pelo Departamento? – perguntou Cida.

– Não, os bons espíritos que estão por perto tentam ajudar no que for possível.

– E se não houver ninguém por perto? – Cida perguntou novamente.

– As palavras ficam no ar, e podem ser captadas pelos espíritos bons num raio de quilômetros. Pode o pedido ir ao Departamento em questão de segundos e o pessoal de lá avisar uma equipe que esteja trabalhando na Terra. Volitando rápido, o socorro acontece imediatamente.

– Só as súplicas feitas com fé vão para o Departamento, não é? – indagou Terezinha.

– Sim. Vocês nem imaginam o quanto se pede. Mas as que são feitas sem fé não chegam ao Departamento.

– Se alguém fizer promessa e o pedido não for para o Departamento, mas acontecer de dar certo; a pessoa tem que cumprir a promessa? – James indagou.

– Quem fez a promessa não irá saber desse detalhe. Promessa não cumprida incomoda a si mesmo. Promessas de pedidos que o pessoal do Departamento atende, em nome de Jesus, de Maria, de santos etc., não interessa se foram cumpridas ou não. Para os trabalhadores basta fazer o bem, realizar um bom trabalho.

– Há espíritos que cobram promessas? – Marcela indagou.

– Existem promessas feitas em terreiros, a determinados espíritos, a almas do "Purgatório". Os que atendem são espíritos ainda não esclarecidos. Prestam ajuda como podem, mas querem receber o pagamento e costumam cobrar.

As perguntas terminaram e Frederico encerrou com estas palavras:

– Quando a Terra evoluir, cessará essa troca de favores. Pedidos serão como uma ajuda para se melhorar. Porém, aprendemos desde já que cada um deverá fazer por si o que lhe cabe.

## Capítulo 14

# Umbral

Tínhamos algumas horas livres, antes de começar o novo tema de estudo: o Umbral. Aproveitei para meditar, e vieram-me à mente recordações... Lembrei-me do que meu pai nos falou certa vez, no aconchego do lar, sobre o Umbral. A natureza não se desvia do caminho do aperfeiçoamento, da manifestação divina. Aonde quer que olhemos, há evolução mesmo que lenta, mas constante. Parece-nos que, somente no âmbito hominal, há possibilidade de recusa desse crescimento, embora muitos não o admitam. Mas, se não houver evolução, há estagnação no plano mental egoísta. É uma verdade patente, exposta de uma forma tão agressiva nas regiões umbralinas, que chega a nos causar arrepios.

Parece ser ali a morada de todas as misérias imagináveis. Espíritos que se transformam em farrapos humanos, cultivando entre si a promiscuidade, o medo, a miséria e a exploração feita pelos mais sagazes e violentos.

A natureza parece estar sempre carrancuda e revoltada, pois o dia nunca amanhece totalmente, e a penumbra é uma constante. Às vezes, violentas tempestades assolam essas regiões, num esforço supremo de aliviar, limpar acúmulos de miasmas e trevas criados pelo homem profundamente egoísta.

Ali se reúnem, numa convivência deprimente, espíritos invigilantes que, na Terra, não se preocuparam com o crescimento espiritual, pois, se não fizeram o mal, o bem também não realizaram. E dessa maneira criaram débitos, porque, quando se pode, deve-se fazer. E nós podemos refletir a luz, a harmonia, a bondade e a fraternidade de Deus.

Certamente, o Umbral não é um lugar agradável. Se a maioria dos encarnados tivesse ideia do que é viver nele, mesmo que por determinado tempo, aproveitaria mais o período da encarnação para aprender, viver no bem e modificar-se interiormente, fazendo-se merecedor de moradas melhores, ao desencarnar.

Nunca pensei em ver tantas coisas diferentes como as que havia na aula teórica sobre o Umbral. Os filmes foram separados por itens. Primeiramente, vimos filmes sobre a vegetação. No Umbral ela é sempre pouca e não é constituída de muitas espécies. A maioria das árvores são retorcidas, com troncos grossos, e não muito altas. Em alguns lugares, há vegetação rasteira que lembra ervas e capins da Terra. Servem de alimentação a muitos espíritos que lá vivem. Varia a vegetação pelos muitos pedaços do Umbral. Vimos primeiro a da nossa região, depois a do Brasil e, por fim, a do mundo.

Depois mostraram os animais, as aves, que também são de poucas espécies, desprovidos de beleza, mas úteis.

Vimos as diversas formas de cavernas, grutas e abismos existentes no Umbral.

– Tudo isto existe porque tem quem os habite – disse d. Isaura.

Filmes exibiram os diversos tipos de habitantes do Umbral, que podem ser divididos em grupos. Os chefes, que são espíritos inteligentes, normalmente estudiosos de magia, ávidos de domínio, odeiam quase sempre o bem e os bons. São na maioria feiticeiros. Normalmente os grandes chefes têm aparência comum de humanos. Com formas extravagantes, só se apresentam os subchefes e os subordinados.

Há os que trabalham com os chefes, membros do grupo, do bando. Muitos dentre eles são também estudiosos, feiticeiros, conhecedores das leis naturais. Obedecem às normas do grupo. Embora considerados livres, não são realmente, pois não abandonam facilmente o bando e recebem castigos por desobediência. Dizem gostar do que são e do modo como vivem.

Encontram-se também pelo Umbral espíritos solitários, mas são poucos. A maioria deles vive nos grupos.

Há os que vagam, em turmas de arruaceiros, entre o Umbral e a Terra.

Há os escravos, os que não servem para pertencer ao bando, trabalham, não recebem nada em troca, a não ser castigos, se não obedecerem.

Existem também os que são torturados e tratados assim, na maioria, por vingança.

Assim como há os que dizem gostar de lá, há também os que consideram o Umbral o inferno, penam por vagar sem rumo, sofrendo pelos seus erros.

Agrupam-se em cidades, pequenas vilas ou núcleos. Vimos muitas cidades nos filmes. Todas elas têm a mesma base. O melhor prédio é para o chefe, há o local para as festas e o salão de julgamento ou audiências. A maioria delas tem biblioteca com livros de magia e obscenos. Livros e revistas em sua maioria também editados na Terra. Só que os encarnados têm livros e revistas bons e maus, e lá só há os ruins. Vimos, espantados, cidades enormes com muitos habitantes e escravos.

O Umbral das Américas é mais ameno, se comparado com o da Europa e Ásia. O Umbral do velho mundo é mais fechado, com abismos enormes e horripilantes.

Vimos muitos filmes sobre cada Umbral de outras regiões, porque na aula prática iríamos visitar só o da nossa região.

– Por que é permitido existirem esses chefes? – Perguntou Rosália, impressionada com o poder que eles têm.

– Todos nós temos nosso livre-arbítrio – respondeu Raimundo. – Somos o que desejamos ser. Tudo nos é permitido, mas nem tudo nos convém. São espíritos ávidos pelo fascínio do poder.

– Não seria interessante que uma equipe de bons espíritos os doutrinasse? – indagou Rosália novamente.

– Surgiriam outros. Muitos esperam uma vaga de chefe. Entre eles sempre há a disputa pela chefia. Só quando apresentam sinais de cansaço é que existe oportunidade de mudança. Mas eles, como são inteligentes, sabem que um dia terão que mudar.

– Eles não temem ser expulsos da Terra, quando ela passar de planeta de expiação para o de regeneração? – indagou Ivo. – Ou não sabem disso?

– Sabem, mas sempre pensam que há tempo, que esse fato irá demorar para acontecer. Outros não se importam, porque o poder lhes sobe à cabeça. Sabemos que nós, uma grande parte dos terráqueos, fomos expulsos de um outro planeta, que passou de mundo de provação ao de regeneração, e aqui reiniciamos o aprendizado.

Também na Terra haverá uma seleção e nela ficarão só os bons e os que pretendem, com boa vontade e sinceridade, ser bons.

Nem nos filmes o Umbral é agradável de ver. Saber que aquilo é realidade e que ali estão irmãos nossos deixou-me triste por momentos.

Depois meditei no que d. Isaura disse:

– Umbral não é sinônimo nem de sofrimento nem de felicidade, é um lugar transitório. É um ambiente criado pelo mau uso da mente humana. Nem todos acham o Umbral triste e feio, muitos gostam de viver ali. Gostos diferem, se a uns agrada a limpeza, a outros agrada a sujeira. Uns preferem a verdade, outros, a ilusão e a mentira. Depois, ninguém está ali por punição, e sim por vibrar igual ao ambiente. Os que sofrem não ficam lá para sempre, há o socorro.

A aula teórica foi ótima, vimos muito sobre o Umbral, havendo muito para ser visto e estudado. Não nos aprofundamos, porque o tempo de estudo era para conhecermos o principal somente. O Umbral é imenso, do tamanho dos continentes. Onde houver um núcleo de encarnados, existirá também o espaço espiritual bom e o ruim.

Núcleos são agrupamentos de espíritos. Fiquei abismada com alguns núcleos, como o dos suicidas, que ficam quase sempre em vales e são visitados tanto por socorristas como pelos maus, que vão atormentar mais ainda os que lá vivem.

Núcleos de drogados constituem-se quase sempre em pequenas cidades. Em certas localidades são cidades grandes, fechadas e movimentadas, onde fazem grandes festas. O local de drogados, na região, chama-se Vale das Bonecas. Nele há casas e um grande laboratório. Vimos, em filmes, como é por dentro, inclusive o laboratório.

Semelhantes se afinam e se constituem em núcleos de ladrões, de assassinos etc.

Voltamos a estudar o Umbral da nossa região. Vimos o mapa e tudo o que existe lá está marcado e dividido em partes numeradas por setor, para que os socorristas tenham seu trabalho facilitado.

Em nossa região, há uma cidade umbralina de tamanho médio, com muitos núcleos. A maioria deles tem denominação dada por seus habitantes. Algumas são interessantes, outras ridículas ou obscenas. Existe um núcleo de alcoólatras que se chama Barril Grande. Possui algumas casas emendadas umas nas outras. Há o chefe, e ali vivem outros escravos, mas não há torturados. Seus moradores também gostam de vagar entre os encarnados e embriagar-se com eles.

Não fui muito entusiasmada para a aula prática. Sabia que tinha que conhecer o Umbral e, para mim, não era nada animador. Mas ele existe e não pode ser ignorado.

Saímos de manhãzinha, de aerobus, até o Abrigo Caridade e Luz. Ficamos hospedados lá por alguns dias, excursionando durante o dia e descansando à noite. Mas também andamos por duas noites pelo Umbral. No primeiro dia, saímos em volta do Posto. Nessas excursões socorreríamos os que nos pedissem com sinceridade o auxílio.

Lá, o solo é diversificado, ora com lama, ora escorregadio ou seco. Vestimos as roupas especiais que já citei e colocamos luvas grossas. Muitos espíritos vão ao Umbral sem nada em especial, vestindo-se normalmente, mas para nós, em estudo, foram recomendadas essas vestimentas. Flor Azul nessas excursões ficava perto de mim, mas nosso amigo muito trabalhou, estando sempre alegre e feliz.

Ver pessoalmente, estudar o Umbral, é diferente de ouvir, falar, ler uma narrativa, assistir a filmes. Também difere conforme o gosto do narrador. Embora saiba que é útil e necessária sua existência, achei um lugar feio e horripilante. Dei graças, muitas vezes, por não ter vagado, nesta minha desencarnação, por aquelas paisagens e por conhecê-lo só em estudo.

O Umbral segue o ritmo da Terra, se na região dos encarnados é dia ou noite, se chove ou não, se faz frio ou calor, lá também acontece o mesmo.

No Umbral, o odor é ruim, cheira a sujeira, lama podre e mofo. O ar é pesado e sufocante.

Na sua parte mais amena e na região onde está o Abrigo Caridade e Luz, a vegetação é maior, rareando onde ele é mais fechado. Nas cavernas, grutas, não há vegetação e se houver é bem pouca.

Cada um de nós levava uma mochila que continha uma lanterna, uma rede de proteção pequena, um minilança-raios, lençóis para envolver os socorridos, porque esses infelizes estão normalmente em farrapos, ou algumas vezes nus.

Poderíamos desta vez conversar. Ao escutar vozes, gritos de socorro, íamos até eles. Aproximávamo-nos, conversávamos com os necessitados, explicando em que consistia nosso socorro. Que seriam levados para o Posto, onde reina a disciplina, a ordem, e seriam curados, mas teriam que estar dispostos a mudar de vida. Uns queriam ficar livres dali, às vezes estavam em grutas, buracos ou na lama, queriam o bem-estar, mas não estavam dispostos a se modificar ou ir para o abrigo. Os que não desejavam vir conosco, apenas os tirávamos dos buracos, das grutas ou da lama, limpando-os e deixando-os seguir para onde quisessem. A maioria ficava por lá a vagar. Durante a excursão, encontramo-nos com muitos deles. Uns pediam que os levasse até onde estavam os encarnados, e lhes dizíamos não poder. De fato, tínhamos ordem de não levá-los, nem de ensiná-los a fazer isso.

– Se eles forem até os encarnados, irão atormentá-los e vampirizá-los – disse Joaquim. – Mas, infelizmente, os moradores daqui ensinam a muitos.

– Não sabem ir sozinhos? – indagou Ivo a Joaquim.

– É muito difícil ir sem conhecer o caminho.

Vimos alguns guardas da cidade do Umbral a vigiar espíritos presos em buracos, na lama etc. Eles não gostam que sejam soltos, mas quase sempre se afastam com a presença dos bons. Estávamos em um grupo grande. Além de nós, em trinta integrantes, havia três instrutores, Flor Azul e mais cinco trabalhadores do Posto nos acompanharam. Mas alguns grupos atacavam, jogando em nós imundície, lamas fétidas, pedras etc. Abríamos as redes e tentávamos conversar com eles. Se não paravam com o ataque, respondíamos com nossos lança-raios e eles saíam a correr.

– Se um bando grande nos atacar? – indagou Nair preocupada.

– Bandos maiores não irão se interessar em defrontar-se conosco – disse Raimundo. – Mas, se sentirmos a presença de um ataque maior, voltaremos ao Posto imediatamente.

Estudamos a vegetação, chegamos perto, passamos a mão, fomos até os filetes d'água, estudamos o solo, as pedras. Estávamos distraídos vendo as pedras, quando Raimundo pediu que nos juntássemos.

– Vamos daqui a minutos ser atacados.

Logo ouvimos blasfêmias, gritos e uivos.

– É o professor de araque que está dando aulinha e seus feiosos alunos – falou uma voz, aos gritos. – Não queremos conversas. Podem se defender que vamos atacar. Seus atrevidos! Nós não vamos onde vocês moram estudar nada. Vocês não têm nada a fazer aqui. Querem copiar a paisagem? Têm que pagar!

Riram escandalosamente. Abrimos as redes e permanecemos em silêncio. Ficamos, Nair e eu, pertinho de Flor Azul. Rosália teve medo, e Frederico teve que ampará-la. Jogaram em nós diversas imundícies.

– Não vão parar? – indagou Raimundo alto. – Estamos aqui em paz!

Risadas e gritos foram a resposta, e continuaram nos atacando.

– Aos raios! – disse Raimundo.

Alguns de nós atiraram com os lança-raios. Os projéteis clarearam o local. Resistiram por minutos, esconderam-se atrás das pedras. Mas muitos foram atingidos, caíram, ficando paralisados por horas. Quem é atingido tem a sensação de que está morrendo de novo. Foram retirando-se aos poucos, pararam de rir, mas ainda blasfemavam. Quando saíram todos, guardamos nossas redes.

– Confesso que tive medo – disse Zé. – Se fosse mulher, iria ficar encostada em um dos instrutores como fizeram Rosália, Nair e Patrícia. Raimundo, eles não têm arma de fogo? Vejo-os com armas rudimentares.

– São as que sabem fazer. Espíritos inteligentes aqui no Umbral usam a mente para atacar. Depois, com uma arma de fogo as balas atravessam os corpos, só ferindo. Preferem paus, correntes, esses que usam e que dão mais medo.

– Eles não têm redes nem lança-raios – observou Luís. – Se tivessem, poderíamos nos defender deles? Se um de nós perder o lança-raios, ou a rede, saberão usá-las?

– Se um de nós perder, é muita falta de cuidado. Devemos ter atenção com nossos objetos. Mas, se isso acontecer, tanto a rede como os lança-raios se autodestruirão, se usados por alguém com vibração baixa.

– Eles não sabem construí-los? – indagou Luíza.

– Não sabem. Mas, se por acaso construírem armas parecidas, usam-nas entre si, nada aconteceria conosco se fôssemos atacados. É por precaução que usamos estas roupas e trazemos nossos apetrechos. Vocês estão em estudos, não têm ainda conhecimentos para vir aqui desprovidos destes materiais.

A tempestade que desejávamos ver aconteceu. Ficou mais escuro. Agrupamo-nos bem perto um do outro e ficamos observando. O vento forte uivava sacudindo as árvores, entendemos o porquê de serem baixas e fortes. Raios cortavam o ar clareando tudo, os trovões eram violentos, o barulho, ensurdecedor. Logo a chuva começou a cair, deixando mais lama ainda pelo solo. Não durou mais que trinta minutos. Depois, o ar ficou mais leve, menos sufocante, e o odor, mais ameno.

Por dias andamos por ali, entramos em grutas, descemos em buracos. As grutas ou cavernas por ali não são grandes, mas vimos nos filmes algumas enormes. Nem bonitas como muitas na Terra. São todas muito parecidas. As pedras são escuras sem beleza, é frio lá dentro, tem um salão onde normalmente há espíritos presos. É bem fácil de se perder. A escuridão é total.

As noites no abrigo foram agradáveis, conversamos, ouvimos música, trocávamos ideias do que víamos, alimentávamo-nos e descansávamos em nossos quartos ou alojamentos. Os instrutores e Flor Azul não ficavam conosco, iam para as enfermarias trabalhar. Todos os dias trazíamos socorridos que tinham necessidade de cuidados.

Por duas noites saímos, mas ficamos por perto do abrigo. A noite no Umbral se mostra mais assustadora. Só se vê a lua, quando é cheia, sendo avermelhada. Lá é bem escura a noite.

Depois de conhecer todo o Umbral em volta do abrigo, partimos de manhãzinha, a pé, para o Posto Vigília.

## Capítulo 15

# Conhecendo mais o Umbral

Não precisávamos ir em silêncio no caminho para o Posto Vigília, mas conversávamos só o necessário; não dava vontade de falar, permanecíamos concentrados observando tudo.

O caminho não é fácil, íamos próximos um do outro, prestando atenção onde pisávamos. Na aula teórica, estudamos o caminho no mapa e já tínhamos passado por ali quando fomos visitar o Posto Vigília. Mas necessitávamos de experiência, para não nos perdermos por aquele caminho cheio de curvas. Quanto mais andávamos, mais escuro ficava. Fomos socorrendo os irmãos que encontrávamos. Eram os caídos na lama, os que se arrastavam pelo solo. Apiedamo-nos de todos. Alguns, mesmo sofrendo, ao nos ver, insultavam-nos aos gritos:

– Que fazem aqui? Não têm nada de andar por aqui observando. Vão embora!

Muitos falavam palavras obscenas. Grupos de arruaceiros fogem quase sempre das equipes de socorro. Encontramos por duas vezes grupos assim, que fugiram escandalosamente fazendo algazarra. Os mais inteligentes param e observam somente, não insultam, ficam em silêncio. Os valentões, que gostam de brigas, enfrentam os grupos de socorro, mas, aos primeiros impactos dos lança-raios, correm aos gritos, insultando.

Acolhemos, no caminho, vinte e três sofredores e os levamos ao Posto. Uns iam amparados, outros, nas macas. Desses vinte e três, ao chegarmos ao Posto, cinco disseram não querer ficar. Mas, antes de deixá-los partir, foram por nós limpos e vestidos; nos feridos, fizemos curativos, foram alimentados, e aí os deixamos ir embora. Os dezoito restantes foram limpos e encaminhados às enfermarias.

Um fato interessante: um dos que não ficaram, embora limpo e alimentado, nós o encontramos dias depois, reconhecendo-o pela roupa, estava com um grupo que nos insultou.

Chegávamos sempre ao Posto cansados e, após nos limparmos e alimentarmos, íamos ouvir música e conversar. Não trabalhávamos no Posto, só os instrutores o faziam.

Vimos uma grande tempestade, certo dia, ao conhecermos o Umbral, perto do Vigília. Foi de amedrontar.

Raios cortavam o local com enormes clarões. Grupos corriam, assustados, de um local para outro sem saber para onde ir. Muitos chegaram perto de nós, mas, quando a tempestade se acalmou, saíram a correr[4].

– Não há perigo de um raio cair sobre alguém? – indagou Lauro a Frederico.

– Não. Os raios não fazem estragos. Queimam os fluidos deletérios. Nossas capas nos protegem deles. Mas, se cair sobre um dos que vagam, receberá a carga elétrica que o fará perder os sentidos, já que não pode desencarnar novamente.

A vontade que dá, ao andar pelo Umbral, é de socorrer a todos. Mas frutos verdes não se aproveitam. Nem todos querem auxílio dos bons. Não é possível levar os que não querem, seriam prejudiciais aos Postos e às Colônias. Quando almejarem com sinceridade pela ajuda, terão sempre quem os auxilie.

Entramos num buraco. Colocamos nossas lanternas na testa e descemos com cordas, que amarramos a um aparelho que enfincamos no solo. Descemos todos, só Raimundo ficou lá em cima. Depois de minutos, encontramos uma encosta grande com cerca de dez metros. Ali

4. As tempestades ocorrem no Umbral como ocorrem na Terra. Se aqui podemos por aparelhos prever, nos Postos de Socorro também. Não são mandadas pelo Plano Maior, mas podem ser, às vezes, por necessidade. As tempestades fazem parte do dia a dia do Umbral. (N.A.E.)

estavam espíritos, que correram aflitos ao nosso encontro, a nos pedir socorro. Organizamos para que subissem. Eram oito. Cinco conseguiram ir sozinhos, um necessitou que um dos trabalhadores do Posto o colocasse nas costas. Dois, inconscientes, tiveram que ir de maca, que prendemos às cordas e alçamos. Lá em cima, Raimundo conversava com eles, explicando como seria o socorro e que, se quisessem, poderiam ir embora. Só os inconscientes eram levados sem perguntar. Muitos ficavam conosco, mas a maioria ia embora quase sempre, sem sequer agradecer.

Continuamos a descer e paramos numa gruta. A escuridão era total. Entramos, não era grande, havia ali seis espíritos, sendo que três pediram para ficar. Estranhamos. Todos indagaram:

– Por quê?

D. Isaura simplesmente respondeu:

– Gostam. Cada um deve ter seu motivo para não querer sair daqui.

Continuamos a descer, chegamos ao final. Era uma vala e ali estavam três espíritos presos com cordas; nós os soltamos.

– Quem os prendeu? Por quê? – quis saber James.

Dois amaldiçoavam seus algozes e nos pediram em nome de Deus que os castigássemos. O terceiro ficou calado. d. Isaura respondeu:

– Por isso estão aqui, por amaldiçoar. E, certamente, por brigas. Podemos soltá-los, levá-los para cima, mas não para o Posto.

Voltando ao que estava quieto, d. Isaura indagou:

– E você, não quer se vingar?

– Não, senhora, quero ir com vocês. Sofro e estou cansado.

– Covarde! – disse um dos dois.

– Você irá conosco – disse nossa instrutora.

Nessa excursão vimos outros fatos assim. Ao serem socorridos, pediam-nos que os vingássemos, que prendêssemos ali seus algozes.

Subimos de volta, o buraco era fundo, achei um horror e sabia que era um dos pequenos.

Naquela noite, Flor Azul ficou um pouco conosco, falou que na China o Umbral é mais assustador e há lugares tão fechados que raramente os socorristas vão até lá.

Um socorrista do Posto nos esclareceu:

– Esses que libertamos do buraco e não vieram conosco logo estarão envolvidos em novas confusões e, muitas vezes, serão presos novamente. Só em excursões de estudos é que são soltos; nas que fazemos diariamente vamos só até os que clamam por ajuda.

No outro dia, entramos numa grande caverna. Amarramos cordas na cintura para não nos perdermos.

Não entramos nos locais mais baixos. Trouxemos para fora muitos espíritos, mas socorremos poucos.

Fomos ver alguns núcleos de perto. São todos mais ou menos iguais: localidades pequenas, com poucas casas agrupadas. São movimentados. Há alguns fechados por altos muros. Não entramos em nenhum. Nesse dia, Artur veio fazer-nos companhia. Artur é o companheiro desencarnado do trabalho de meu pai. Gosto muito dele. Alegre, risonho, cumprimentou-nos sorrindo e disse que ia nos acompanhar pela excursão no Umbral. Alegramo-nos.

Num local cheio de pedras, ouvimos barulho de um grande bando se aproximando. Reunimo-nos em círculo. Flor Azul ficou ao meu lado e cada instrutor também perto. Um grupo grande, de uns trezentos moradores do Umbral, parou a nossa frente. Aquietaram-se e um deles falou:

– É aí que está a filha do feiticeiro José Carlos?

Já ouvira espíritos se referirem assim com desprezo ao meu pai, chamando-o de feiticeiro.

Artur adiantou-se dando alguns passos e parou diante deles, cruzou os braços no peito e respondeu:

– Está, por quê?

De sua mente saíram fachos de luz que os atingiram em cheio. Por segundos ficaram recebendo os raios de luz, depois, assustados, debandaram em gritos. Artur voltou ao nosso grupo tranquilo:

– Continuamos?

Todos estávamos curiosos e o rodeamos perguntando:

– Que aconteceu? – muitos perguntaram de uma vez.

– Soubemos que iriam atacá-los e vim para ajudá-los – respondeu Artur, tranquilo como sempre.

– Queriam a Patrícia? – perguntou Nair, assustada.

– Pretendiam somente assustá-la.

– Por quê? – indagou Ivo.

– O pai de Patrícia é um orientador espírita e incomoda os ociosos, os que por determinado tempo preferem o caminho do erro. Pensaram que poderiam assustar a filha, porém esqueceram que os encarnados que trabalham no bem têm os desencarnados bons a ajudá-los.

– Eles voltarão? – Luíza perguntou.

– Não creio. Mas continuarei com vocês até o final do estudo do Umbral.

– Você se assustou, Patrícia? – indagou Zé.

– Não, senti-me tranquila como sempre – disse, olhando para Flor Azul.

Como não confiar, tendo a companhia dos três instrutores, de Flor Azul e Artur? De fato, Artur nos presenteou com sua presença nas excursões que fizemos ao Umbral, só não ficava no Posto. Estava sempre calado e conversava quando interrogado, sendo agradável com todos. Artur é simples, ninguém adivinha do que é capaz. Por isso o admiramos e lhe ficamos gratos.

Os samaritanos saíram conosco. Eles conhecem o Umbral melhor do que seus moradores. É agradável sair com eles. Levaram-nos ao pântano número dois, assim chamado por ser uma região de muita lama. O lugar é de difícil acesso, tem que se descer muito e há muitos abismos. Fomos descendo e socorrendo irmãos necessitados, mas somente alguns deles iriam para o Posto, a maioria somente seria tirada dali. O lugar é feio, muita lama, pouca vegetação, escuro e fétido. Para voltar, já era tarde, logo seria noite, Frederico, d. Isaura e Raimundo uniram-se em pensamento e fizeram uma passarela de luz. É linda! Maravilhosa! É uma estrada inclinada de luz amarelada. Fomos andando sobre ela. Estranho e fenomenal. É como andar no solo. Depois de andar por horas em solo acidentado era agradável caminhar pela passarela. Os três instrutores iam na frente e formando a passarela a dois metros na frente deles. Íamos atrás com os socorridos e, à medida que passávamos, a passarela ia sumindo. Tínhamos que ajudar a sustentá-la com pensamentos bons. Fomos cantando. Logo estávamos em solo firme e perto do Posto Vigília. De longe, a passarela, embora amarelo-clara, parecia um arco-íris.

No dia seguinte, Raimundo pediu permissão ao chefe da cidade do Umbral para entrarmos e vê-la. O governador – assim é chamado – deu permissão, mas avisou que seríamos vigiados.

Naturalmente, vimos somente algumas partes, não conhecemos as prisões, os lugares de torturas e nem entramos nas casas dos moradores. Visitamos o salão de festa, todo roxo e amarelo-forte, com desenhos em preto. Nas paredes há desenhos de dragões, figuras satânicas, parecidas com as que os encarnados desenham, do diabo. Enfeitam também o local algumas cortinas amarelas e vermelhas em tom forte. Não há flores nem plantas. Havia pelo local algumas cadeiras. Depois fomos à sala de audiência, é de dar medo. Toda preta, com enfeites dourados e prateados. Tinha muitas cadeiras, todas pretas e em ordem. Não estava nada sujo. Também fomos à biblioteca, é grande, contendo muitas revistas e livros sobre sexo, muitas cópias que os encarnados possuem. Não são bagunçados. Estão em estantes e há até quem cuide dos livros e revistas.

Fiquei o tempo todo perto de Artur, que pouco conversou. Éramos visitas e nos foi recomendado evitar comentários. Andamos pelas ruas, na ocasião estavam razoavelmente limpas. As ruas são curvas e de pedras.

Já era hora de irmos embora, Raimundo agradeceu a acolhida. Não teve resposta, pois julgam-se importantes. Ao sairmos, dois guardas vieram nos olhar, para ver se não levávamos ninguém da cidade. Não socorremos ninguém nem vimos ninguém para socorrer. Pudemos olhar só os moradores, que fizeram de tudo para nos mostrar o quanto eram felizes. Mas não são, pois sua alegria é falsa. Ninguém é tão feliz, no termo certo, longe, distante do Pai, de Deus.

Raimundo nos explicou que nem sempre são permitidas estas visitas e que, sem autorização, nenhuma excursão entra na cidade. E que os escravos e torturados ficam escondidos nessas oportunidades. Entretanto, quando os socorristas querem, entram sem ser notados e socorrem aqueles que estão a clamar auxílio.

Agradecemos aos samaritanos, a Artur e ao pessoal do Posto Vigília. Despedimo-nos alegres, a excursão terminava. Partimos para o abrigo e dele para a Colônia.

Na Colônia, recebemos oito horas livres. Fui ver vovó e os amigos. É tão bom revê-los!

Depois tivemos a aula de conclusão. Não se tinha muito que perguntar. Somente James perguntou a Raimundo:

– Por que muitos que sofrem ficam pelos vales e buracos e não nas cidades deles?

– Porque, nas cidades, não querem os que sofrem, os perturbados nem os inconscientes, porque não servem para nada.

Ficamos todos consternados em ver o Umbral. Mas agora sabíamos andar por ele, ir a um socorro. Fizemos no final da aula uma prece pelos que vivem lá e agradecemos por não estarmos nele.

Felizes os que tudo fazem, esforçam-se por vibrar no bem. Felizes os que, ao desencarnar, têm por merecimento um lugar de bem-aventurança. Felizes os que seguem os ensinamentos de Jesus; os que aprendem, encarnados, o que é desencarnar e mudam interiormente para melhor. Esses não terão o Umbral por moradia.

Capítulo 16

# Aparelhos e Mentes

Tivemos aula teórica sobre aparelhos usados no plano espiritual. Infelizmente não posso descrevê-los com detalhes por dois motivos. Primeiro, não tenho meios de transmitir, e a médium, desconhecendo, torna-se difícil. Segundo, não tive autorização do plano superior para descrevê-los com minudência, porque este relato, sendo público, poderá ser lido também por maus.

No plano espiritual há muitos aparelhos. Todos lindos e úteis. Já conhecíamos todos, muitos deles usamos nas excursões e na vida diária na Colônia. Nenhum polui nem ocasiona acidentes. Acidentes não acontecem por aqui.

Começo narrando os maravilhosos aerobus, aparelhos de locomoção, uma mistura de ônibus e avião, para curtas e longas distâncias, para pequenos grupos ou muitas pessoas.

As telas, usadas em muitos Centros Espíritas pelos desencarnados trabalhadores para que os indivíduos vejam acontecimentos, principalmente do passado, são leves, simples e muito práticas.

Há o removedor de ar, aparelho usado para coletar fluidos, sejam os bons, para armazenar, ou os ruins, para limpar o ambiente. Lembra um pouco um aspirador terreno, é leve e prático.

Existem os aparelhos usados principalmente nos Postos de Socorro, para deixar o ambiente com temperatura agradável. São instalados numa parte do prédio.

Há os aparelhos de vigia e os que medem as vibrações.

Também existem os aparelhos de defesa e os lança-raios, que parecem um lança-bolas. São leves, e há os que são pequenos, de oito centímetros.

Existem, ainda, os aparelhos parecidos com a televisão e os vídeos[5].

São muitos, todos úteis e maravilhosos.

Os espíritos do Umbral têm também muitos aparelhos dos quais fazem uso. Aprendemos, em aula, a usá-los e a neutralizá-los.

Tivemos, nas aulas, conhecimento de todos os aparelhos existentes no plano espiritual. Aprendemos a

---

5. Esses aparelhos foram descritos no livro *Violetas na janela*. (N.A.E.)

usá-los, mas não a construí-los. Existem oficinas nas Colônias para tais procedimentos.

Só tivemos a parte teórica, em que manuseamos vários aparelhos. Também não houve aula de conclusão, porque as dúvidas foram tiradas durante a aula teórica.

Conversamos muito, trocando ideias. Narrei aos colegas um fato do meu conhecimento.

– O Centro Espírita que frequentei, quando encarnada, recebeu, por certo período, a ajuda de um grupo de espíritos sediados no local chamado Colina. São todos orientais, Flor Azul faz parte desse grupo. Todos esses espíritos são encantadores, assim como Flor Azul. Dentre eles, há um médico especial de nome Tachá. É exímio construtor de aparelhos, mas o mais impressionante é a sua maneira de curar seus doentes. Com alegria, graça, bondade contagiante, envolve seus pacientes num canto manso e harmonioso, enquanto lhes recupera o perispírito. O resultado é surpreendente. Depois que desencarnei, indaguei a Maurício, amigo médico que trabalhou com essa equipe, o porquê de ele ter tanta facilidade e rapidez para curar. Disse-me que, enquanto ele, Maurício, curava o doente de fora para dentro, Tachá envolvia o paciente pela música, fazendo com que iniciasse sua própria mudança interior, ajudando-se. Enquanto nós, dizia Maurício, com a nossa maneira fazemos tudo sozinhos, ele faz o próprio doente recuperar-se; daí sua habilidade.

Em seguida, tivemos uma aula sobre a influência da mente.

Sabemos bem que se pode influenciar e que podemos ser influenciados tanto para o bem como para o mal. Mentes perversas podem prejudicar outras: desencarnados a desencarnados, desencarnados a encarnados e encarnados a encarnados.

– Vocês devem, sempre que possível, influenciar, tentar transmitir aos outros pensamentos bons, de alegria, paz e amor – disse Frederico.

A mente tem muita força. Mentes treinadas fazem muito. Vimos em filmes várias formas de usar a mente, para o bem e para o mal.

Com a mente, pode-se criar, plasmar objetos. Tentamos plasmar algo. Foi uma alegria! Certamente, necessita-se de muito estudo, treino e domínio da mente para fazer isso. Ajudados pelos três instrutores, conseguimos plasmar três rosas, que logo desapareceram. Duas foram cor-de-rosa e a terceira, metade vermelha, metade amarela. Rimos muito.

Flor Azul, convidado a participar da aula e a nos dar demonstração, sorriu e não se fez de rogado. Tranquilo, sentou-se cruzando as pernas como os iogues, mentalizou por minutos, e uma caixinha marrom surgiu. Uma espécie de porta-joias.

– Que será que tem dentro? – Marcela perguntou.

– Podemos abri-la? – indagou Nair, curiosa.

Com autorização de Flor Azul, abrimos. Dentro, havia uma placa, parecida com madeira, com os dizeres nela gravados: "A sabedoria é a fonte da prudência". Aplaudimos, ele ficou encabulado.

– Lindo! – dissemos entusiasmados.

Soubemos o tanto que se pode fazer com a mente e que todos somos capazes. Basta estudar e querer!

– Ao dar um passe, o passista está influenciando quem o recebe? – indagou James a Raimundo.

– De certa forma, sim, influenciando para o bem. Passes significam transfusões de energia. São doações e, para isso, quem dá passes tem que ter, para doar. Nos Centros Espíritas ou com pessoas boas que benzem, ou com quem dá passes, há sempre desencarnados bons que ajudam nessas doações.

– Passes são úteis? – indagou Glória.

– Sim e muito. Para pessoas enfermas são muito úteis. Para pessoas obsedadas, de grande ajuda. Para os médiuns que não trabalham com sua mediunidade, é como tomar comprimido para dor de cabeça, corta-se por determinado tempo o efeito, mas não se elimina a causa. O passe deve ser encarado como um remédio poderoso e, como todos os remédios, não deve ter abusos.

Não é certo acostumar-se com passes e tornar-se um papa-passes e tomá-los por tomar.

– Já escutei sobre os passes que, se bem não fizerem, mal não fazem – disse Rosália.

– É errado. Só faz bem. Não devemos menosprezar assim algo tão útil e tão sério, que exige tanto do passista. Passe é algo maravilhoso. Tanto que os espíritas conscientes fazem cursos, estudam, para praticar tal evento. E deveria ser mais valorizado.

Aprendemos a dar passes, antes de visitar o hospital da Colônia, e isso na primeira aula. É simples, mas necessitamos estar bem conscientes de que estamos transmitindo o que temos. Nós, desencarnados, podemos dar passes em encarnados, que não vão receber como o de um médium, porque não temos fluidos materiais, mas sempre são de grande ajuda.

Aprendemos a fluir água. Em Centros Espíritas, para os frequentadores em geral ela é só energizada. Os encarnados sempre devem deixar água limpa para isso. Sempre que se encontram impurezas, devem ser neutralizadas. Existe a água separada para certas pessoas onde são colocados os remédios de que necessitam. Sempre quem faz isso é a equipe médica, mas como normalmente muitos necessitam de ajuda, aprendemos para ser úteis.

Essas aulas, embora curtas, foram de grande proveito.

## Capítulo 17

# Criação da Terra e Religiões

Vimos em filmes, na aula teórica, a criação da Terra em suas diversas épocas. Tudo tão lindo! Fitas que foram psicometradas da Terra. Já as tinha visto nas salas de vídeo, mas com amigos e instrutores explicando era diferente. Toda a criação de Deus é fantástica. A Terra passou por diversas transformações, mas continua linda.

O desconhecido nos fascina, tanto o passado como o futuro. Raramente damos valor ao presente, que é na verdade a única realidade que podemos viver. Em nível de conhecimentos, é necessário remontar ao passado para que tenhamos uma noção da evolução cósmica. Nesse curso, com grata satisfação foi mostrado e explicado um pouco da nossa nave espacial, o planeta Terra. Com muita atenção, escutamos a explicação sobre os primórdios da Terra e da raça humana, nela radicada. Vimos seus primeiros habitantes e como as religiões surgiram. Há em todos nós a necessidade de crença. Nosso espírito sabe da existência do Criador. Foram várias horas vendo, sem nos cansar, extasiados com tanta beleza, a Terra, nossa morada abençoada. Esse estudo é de tal forma envolvente, que era nosso desejo não sair da sala de aula enquanto houvesse algum fato a ser conhecido.

Vimos as religiões do passado. A idolatria dos deuses da natureza, como o sol e a lua. O surgimento dos deuses de barro e metal, as guerras, as atrocidades em nome das religiões, que se denominavam donas da verdade, e muitas crueldades aconteceram tendo como pano de fundo a religião. Depois, estudamos de forma geral as religiões atuais, só para termos uma ideia de como creem, agem e quais são seus objetivos.

Todas as religiões são boas se seguidas interiormente, no entanto, devemos ter cuidado com algumas que levam ao fanatismo. Religiões são setas no caminho, mas cabe a nós caminhar.

As religiões cristãs são muitas, têm base nos ensinos de Jesus, que são interpretados de várias formas. Mas são poucas as que tentam seguir a essência dos seus ensinamentos, ficando restritas a atos exteriores. As que facilitam a caminhada evolutiva são as que ensinam raciocinando, fazendo entender para crer. Entre essas, está o

Espiritismo, que ensina o porquê de Deus ser justo, através das leis da reencarnação e da lei de causa e efeito. E também esclarece o que acontece quando se desencarna.

A aula foi tão bem explicada que não houve necessidade de perguntas.

Iniciaríamos a parte prática e estávamos duplamente contentes, porque iríamos, por vinte e quatro horas, excursionar por dois outros países: a Índia e o Vaticano.

Viemos à Terra de aerobus. Fomos visitar diversos templos da nossa religião e ver seus cultos. A oração sincera é ouvida em qualquer culto. Há pessoas boas e de fé em todas as religiões. Gostamos de ver, de ouvir orações. Pessoas que oram com sinceridade são rodeadas de fluidos agradáveis. Ouvimos seus ensinamentos e nos sentimos bem em seus templos. Como são bons os ensinos religiosos! Em muitos templos fomos recebidos por desencarnados. Muitos, ao desencarnarem, ficam em templos a trabalhar, outros infelizmente desconhecem seu estado, mas não fazem mal aos outros. Esses foram os que tentamos ajudar. Mas não estávamos ali para isso, e, sim, para entender os diversos credos.

Como há pessoas boas dentro das religiões, há também as más. Há as que usam a crença para serem desonestas. Muitas pessoas más fazem erros em nome de Deus, de Jesus. Mas ainda bem que fatos bons se sobressaem aos ruins. Todas as religiões ensinam a amar a Deus, fazer o bem e evitar o mal.

Fomos a vários cultos de diversas religiões e sempre nos receberam bem. Respeitamos todos, ficamos quietos prestando atenção.

Visitamos os umbandistas. A Umbanda é às vezes incompreendida. A maioria faz o bem, mas infelizmente há os que se dizem umbandistas e não seguem o nível da maioria. Seus rituais são bonitos, com cantos de muita significação. Raimundo os cumprimentou com carinho. É conhecido, está sempre trazendo alunos para conhecê-los. Pediu licença e gentilmente fomos conduzidos a uma ala para visitantes. Ficamos só observando. Muitos socorros foram realizados. Todos os desencarnados que lá trabalham vestem-se de branco, salvo alguns. Eles têm muita paciência com os encarnados e tudo fazem para ajudar. Respeitamos muito a Umbanda e o seu trabalho.

Fomos ver o Candomblé. Os seguidores desencarnados nos trataram muito bem, deram até um presente a Raimundo, que agradeceu sorrindo. É uma cópia de um livro deles. Seus rituais são diferentes. Observamos tudo calados. Não gostam de intromissões nem cabia a nós, visitantes, dar palpites. Suas vestes têm significado, seus colares, enfim tudo o que usam. Os desencarnados têm Colônias próprias, cidades no Umbral, onde há hospitais, escolas, boas bibliotecas, e se ajudam mutuamente. São várias Colônias pelo Brasil[6].

Existe a Quimbanda. Ela não dá permissão para ver seus rituais. São grupos de encarnados que se unem a desencarnados que, por algum tempo, seguem outros caminhos.

Esses grupos de encarnados assim agem quase sempre para facilitar suas vidas. Mas essa ajuda é ilusória. Trocam favores entre si e cometem muitos erros.

Vimos, de longe, encarnados e desencarnados fazendo trabalhos de macumba, de feitiço. Notamos entidades trevosas, moradores das cidades do Umbral, virem receber as oferendas.

Sabemos que o mal existe, tem força, mas o bem tem muito mais.

Vimos também oferendas de agradecimentos, e dessas reuniões pudemos nos aproximar. São quase como promessas, pedem, recebem e fazem as doações. Outras são somente agrados pelo muito que recebem.

Fomos à tão esperada visita ao exterior. Primeiro, à Índia, terra dos misticismos.

---

6. São raras essas separações, após a desencarnação. Aqui, vimos o Candomblé socorrer só os seus seguidores e alguns dos seus admiradores. Os seguidores do Candomblé não aceitam as orientações das Colônias existentes, por isso foram feitos núcleos próprios. No futuro haverá união, com o crescimento espiritual de todos. (N.A.E.)

– É a primeira vez que vou ao Exterior! – exclamou Glória contente.

– Eu também – respondi.

Não fomos ver o plano espiritual, e sim o material. Seus templos são encantadores. Soubemos que Gandhi está no espaço espiritual da Índia, trabalhando por seu querido país. Em curto espaço de tempo deu para ver poucas coisas. Os indianos são quase sempre muito religiosos, suas religiões, diferentes das cristãs, são motivo de muitas controvérsias. Os lugares sagrados têm uma energia muito forte e são guardados por inúmeros desencarnados. Visitamos alguns assim e, num templo lindíssimo, estava escrito em indiano, no plano espiritual, que nos foi traduzido: "Deus, que está em toda parte, aqui se faz presente pela demonstração de amor".

Achamos tudo muito bonito. Fomos de aerobus da Índia ao Vaticano. Ao chegarmos lá, uma equipe desencarnada analisou nossa autorização de visita e só depois nos permitiu a entrada.

– Fazem isso porque o Vaticano é alvo de incontáveis ataques – explicou d. Isaura.

Inúmeros espíritos que sofrem e vagam ali vão em busca de socorro, e a maioria é socorrida nos portões de entrada. O Vaticano é cercado no plano espiritual. Há diversos guardas e socorristas que ali trabalham ajudando.

Visitamos os lugares permitidos aos visitantes encarnados. As belezas materiais são numerosas. O catolicismo herdou bastante das religiões pagãs. Algumas imagens de santos foram outrora ídolos pagãos. Em lugares de fé, oração, os fluidos são agradáveis. Tivemos conhecimento de que mudanças em breve ocorrerão no catolicismo.

Vimos um grande número de socorristas trabalhando, atendendo ou anotando pedidos dos encarnados, num trabalho incessante. Vários deles foram religiosos encarnados.

Pena que essas excursões foram curtas, só dando para visitar a parte material. Mas foram inesquecíveis. Achei tudo lindo!

Voltamos ao Brasil, a nossa região, e fomos ver alguns Centros Espíritas. A simplicidade, a compreensão da verdade fazem esses lugares humildes serem transformados em fontes de bênçãos e luzes. Por ter sido espírita, encarnada, foi com enorme alegria que visitei Centros Espíritas. Amo o Espiritismo!

Nos Centros que visitamos, fomos bem recebidos. Todos conheciam Raimundo e d. Isaura, que foram abraçados com carinho. Lá, poderíamos indagar à vontade. Meus companheiros fizeram inúmeras perguntas. Eu só olhava tudo com amor.

Foram excursões agradabilíssimas.

## Capítulo 18

# A Palestra e a Feira do Livro Espírita

Alegrei-me imensamente quando fomos ao Centro Espírita em que meu pai trabalha. Rever os amigos fez bem ao meu coração. A reunião começou, e grande era o número tanto de encarnados como de desencarnados que estavam atentos à palestra da noite, para ouvir meu pai. Como sempre faz, fala claro e com voz agradável:

– Se queremos nos aproximar de Deus, temos que investigar para conhecermos um pouco da sua maneira de ser.

"As atividades humanas têm, no desejo de aquisição, o elemento que as sustenta. Em consequência disso, somos todos egoístas, chegando a atingir os planos mentais ou psíquicos.

"Nossos irmãos inconscientes ou semiconscientes, quando buscam a preservação do indivíduo, não ultrapassam o necessário para sua sobrevivência e realização de suas funções. Nessas ditas manifestações, podemos ver Deus criador agir sem interferência na liberdade do indivíduo, coisa que não acontece no âmbito do ser humano. Ora, se quero me relacionar bem com um indivíduo, tenho que conhecê-lo, gostar das mesmas coisas que ele, amar aquilo que é seu e, se possível, pensar como ele.

"Por que as flores são belas e perfumadas? Interrogação interessante que nos leva a meditar e, meditando, chegamos à intuição. Para a personalidade, tudo tem um motivo; todo caminho ou toda ação tem como princípio um fim. Não concebemos agir sem um fim pessoal. Vivemos presos à atividade da mente, arquivo do passado coletivo e particular, por isso não percebemos que a ação cósmica não tem necessidade de chegar a lugar, ganho, ou fim nenhum.

"Muitos dirão que as flores são belas e perfumadas porque Deus quis embelezar e perfumar o ambiente e a vida dos homens. Que pretensão! A beleza, a pureza e o perfume da inocente flor enfeitam a existência também do revoltado, do gozador, do egoísta, do desumano que é capaz de se opor ao Criador, que o sustenta em todas as suas necessidades. Ademais, para o Pai, que realmente ama, aspectos externos não alteram a sua maneira de amar. Ele ama todas as suas manifestações, porque elas fazem parte Dele. Na verdade é Ele mesmo, pois fora Dele nada existe. Não, não foi por causa do homem que Deus criou as flores.

"Para elas, por que motivo existe, então, tanto perfume e beleza? Nenhum. São o que são, pela sua própria natureza interior, não importa que a vejam ou não. Que estejam num jardim entre os homens ou na mata onde ninguém as veja. Não importa onde nascem, serão sempre a manifestação de agradável beleza.

"Da mesma forma devem ser os homens, só que com uma diferença, o que a flor é por inocência, deve ser o homem por sapiência. Tem o homem liberdade para ser a mais bela manifestação do Eterno. Muitos são contra, e é o que com a maioria acontece. Outros, livres e conscientes da Divindade, se integram a Ele, passando a refletir o Eterno, saturando a Terra de luz, beleza, perfume e, acima de tudo, do amor incondicional que tudo envolve no seu carinho protetor.

"E as violetas? Teriam elas inveja das rosas ou desejariam um dia vir a ser rosas? Não! As violetas estão felizes em ser o que são; felizes por serem manifestações do Criador, sem pretender nenhuma justiça por parte Daquele que tudo é, pois tudo que elas são a Ele pertence, e delas mesmo nada possuem.

"O homem bom deve ser bom, porque esta é a sua natureza, e não para receber prêmios e louvores. Não importa se os outros verão ou não a sua bondade. Deve ser como as flores, que não escolhem lugar nem pedem reconhecimento para ser o que de fato são.

"Devemos imitar as flores, cuja alegria e felicidade está na atitude permanente de refletir o belo, o perfumado, o imponderável. O nosso paraíso não está no além, nem no aquém, está dentro de nós mesmos."

– Que bonita palestra! – exclamou Ivo.

– Deve se orgulhar do seu pai, hein, Patrícia? – disse sorrindo James.

Somente sorri. Sim, sentia-me feliz e encabulada com os elogios dos companheiros à bonita palestra de meu pai.

No final, uma chuva fina de fluidos salutares encheu o ambiente, saturando-nos de energias. Chorei de emoção, amo meus pais, e vê-los estudando, trabalhando no bem, alegra-me muito. Saber que estão em comunhão com o Pai é felicidade para mim. A reunião acabou com grande proveito. Ficamos ali por momentos a conversar. Maurício me abraçou carinhosamente:

– E então, como vai minha menina?

– Encantada com o curso – respondi.

Voltamos à Colônia onde passamos algumas horas livres. Aproveitei para escrever o que ouvi, o que aprendi no curso, e para ler um pouquinho.

Na manhã seguinte, fomos visitar diversas bancas do livro espírita e livrarias espíritas. Que gostoso! Estar entre livros bons é sempre prazeroso.

– As bancas e livrarias espíritas são guardadas vinte e quatro horas por dia – explicou Raimundo. – Quando o livro espírita começou a sobressair, a educar e a ensinar, as trevas começaram a atacar. Assim, tivemos que nos defender. O trabalhador ou trabalhadores não só exercem a função de vigia, mas orientam, pela intuição, vendedores e compradores, limpam o ambiente.

– Se receber um ataque de uma falange, de um grupo grande, o que o trabalhador faz? – indagou Lauro.

– Quase sempre – respondeu Raimundo – esses ataques são previstos, e equipes que trabalham em Centros Espíritas vêm para cá. Se não foi possível saber antes, ao ser cercado, o trabalhador aciona um alarme e em segundos recebe ajuda.

– Eles são os anjos dos livros – disse Zé, bem-humorado.

Dali fomos visitar uma Feira do Livro Espírita. Se encarnados trabalham para organizá-las, o trabalho dos desencarnados não é pouco. Um orientador desencarnado veio nos receber gentilmente.

– Fiquem à vontade.

– Como é o trabalho de vocês? – indagou Luís.

O orientador nos esclareceu bondosamente. É um espírito de uma simpatia sem limite. Conhecido entre os encarnados e os desencarnados, gosta muito da boa literatura. Infelizmente não nos é possível dizer seu nome, porque, como ele disse, seu trabalho é temporário. Logo o deixará, para fazer outro.

– Estamos contentes com o que fazemos, somos um grupo de cinquenta espíritos. Coordenamos as Feiras por todo o Brasil. Quando começa a organização de uma Feira, temos um grupo menor que vai até os encarnados, para ajudá-los a formar as bases e protegê-los. Quando começam a montar a barraca, ficamos ajudando. Como os encarnados fazem rodízio, agimos assim também.

– Qual é a função de vocês junto à Feira? – perguntou Glória.

– Primeiramente, guardar, proteger de ataques de irmãos que se incomodam com a luz que sempre traz o ensino cristão. Aqui estamos para orientar, dar passes, purificar o ambiente, ajudar os desencarnados que vêm acompanhando os encarnados, e aqueles que vêm em busca de auxílio.

– Se duas ou mais Feiras acontecerem na mesma época, que fazem? – indagou Luíza.

– A equipe de cinquenta é grande, e assim somos para podermos nos repartir. Mas, se houver necessidade, a Colônia Casa do Escritor, cujos habitantes trabalham em prol da boa literatura, nos envia mais ajudantes. As Feiras estão crescendo e esperamos que no futuro todas as cidades as tenham.

– E em época que não há Feira nenhuma? – indagou Zé.

– Não ficamos à toa, estamos sempre ajudando pessoas que de alguma forma lidam com jornais espíritas e suas editoras, e incentivando pessoas a ler etc.

– Que trabalho bonito! – exclamei.

– Todos os trabalhadores que estão aqui fazem parte da equipe? – Rosália perguntou.

– Não, temos a equipe da cidade que nos ajuda, que vem se unir a nós numa tarefa coletiva e agradável. Em cada cidade em que acontece a Feira do Livro Espírita, os trabalhadores do local se organizam para um trabalho extra de ajuda aos encarnados.

– Também fazem plantão? – indagou Ilda.

– Sim, para que todos participem e também porque muitos entre nós têm outros trabalhos junto à literatura espírita.

Olhamos os livros, encantados.

– Os encarnados que desejarem dispõem de lindas obras que orientam, consolam e esclarecem – falou d. Isaura.

Ficamos horas observando. Ora os trabalhadores intuíam os vendedores, ora auxiliavam os compradores e os visitantes. Muitos desencarnados lá iam, ora acompanhando o encarnado, ora curiosos. Como o plantonista encarnado se dirige ao visitante, o trabalhador se dirige educadamente ao desencarnado, e um diálogo acontece; quase sempre o desencarnado é levado para um socorro ou para um dos Centros Espíritas da cidade para orientação.

Vista de longe, a Feira é um ponto luminoso, para onde os sofredores vão em busca de auxílio.

– Já tivemos uma forma estranha de ataque – disse-nos um trabalhador. – Os moradores do Umbral reuniram um grande grupo de espíritos que por lá vagavam, sofriam, e os trouxeram até nós, esperando que bagunçassem o local. Mas, ao ver a luz que emite a Feira, caíram de joelhos a clamar socorro. O orientador lhes dirigiu a palavra, explicando-lhes sua situação de desencarnados e carentes de ajuda, orou com eles. Foram todos socorridos sem problemas. Desde então não fizeram mais este tipo de afronta.

Vimos um grupo pequeno de irmãos do Umbral observando a Feira de longe.

– Que farão, se eles se aproximarem? – indagou Cida ao orientador.

– Vamos conversar com eles, sempre recebemos bem qualquer visitante. Se nos atacarem, os lança-raios funcionarão; se o ataque é em maior número, imediatamente os trabalhadores do bem, da cidade, vêm em nosso auxílio e a barraca é cercada por milhares de auxiliares.

– Muito interessante! – disse Marcela. – Há muitos ataques?

– Nas primeiras Feiras houve mais. Agora quase não tem havido. Estão preferindo desanimar os organizadores encarnados. Mas o espírita é teimoso e, quando se trata de fazer o bem, de realizar a Feira, muitos resistem firmes com nosso incentivo.

Se encarnados gostam da Feira, os desencarnados que trabalham gostam mais. Ali reinam a alegria e o carinho.

Quantos auxílios e ajudas são prestados numa Feira! E o mais importante: quantos livros bons circulando e ensinando!

Voltamos entusiasmados; a aula de conclusão foi só de conversas. Todos nós adoramos visitar os Centros Espíritas, as livrarias, as bancas e, principalmente, a Feira do Livro Espírita.

Capítulo 19

# Vícios

D. Isaura começou a aula falando dos vícios em geral, e deu uma definição:

– Vício é o uso costumeiro de toda e qualquer coisa que nos acarrete prejuízo. É o costume de proceder mal. Vício é doença complexa que exige vontade para libertar-se dela. Para se curar, é necessário enfrentá-lo e vencê-lo; se ele não for vencido, torna-se escravo dele. Só estaremos libertos se não tivermos vícios. Todos são nocivos para quem os tem. Às vezes, um ou dois que temos escurecem as virtudes que adquirimos.

Nossa instrutora fez uma pausa e continuou:

– São muitos os vícios e, às vezes, não os temos fortes, mas mesmo um restinho de qualquer deles nos atrapalha muito. Vou citar os mais conhecidos: agressividade, álcool, ambição, apego material, avareza, calúnia, ciúme, cólera, fumo, gula, inconformação, inveja, jogo, maledicência, mentira, ociosidade, orgulho, pornografia, queixa, roubo, tóxico, usura, vaidade. Acho que não precisamos descrevê-los. Mas, se alguém quiser fazer alguma pergunta sobre algum, fique à vontade.

– Não pensei que a agressividade fosse um vício – disse Ivo.

– Há pessoas que, nervosas, agridem causando danos a quem está perto. Têm por mau hábito ser violentas. O pior é que muitos agressivos não se acham viciados.

– Conheci uma senhora – disse Rosália – que vivia, quando encarnada, se queixando. Ficou antipática. Qualquer assunto que se conversasse com ela, dava um jeito de induzir a conversa para doenças, e começavam as queixas.

– Devemos ter cuidado para não ficar a nos queixar, não tão só por sermos desagradáveis a quem nos escuta, mas porque nossos pesares só tendem a aumentar e, ao ver somente os acontecimentos ruins, esquecemos os bons.

– Meu pai era um alcoólatra – narrou Luís. – Desencarnou por problemas que a bebida lhe causou. Sofreu muito ao desencarnar. Por anos vagou pelo Umbral, enlouquecido pela bebida e querendo vampirizar encarnados para poder se embriagar junto deles. Foi tão triste! Deformou seu perispírito, parecia um bicho, quando minha avó, mãe dele, pôde socorrê-lo. Está internado num hospital de outra Colônia. Lesou tanto seu cérebro perispiritual que acho que não reencarnará perfeito.

– É verdade, Luís – disse d. Isaura. – Quando danificamos por vícios o que temos de perfeito, podemos reencarnar deficientes para um aprendizado. Mas esse fato não é regra geral. Seu pai, socorrido, talvez se recupere.

– Mas encarnado pode voltar a ser alcoólatra não é? – indagou Luís novamente.

– Só nos livramos do vício quando provamos a nós mesmos que somos capazes. Por livre vontade, lutamos contra ele e o vencemos. Na encarnação futura, poderá ter vontade, embora tenha sofrido, e a dor, esta sábia companheira, tenha feito com que tome aversão à bebida. Conheço um espírito que na encarnação passada foi uma alcoólatra, desencarnou, sofreu e hoje é excelente médium, não gosta nem do cheiro de bebidas alcoólicas.

– Ela venceu seu vício? – indaguei.

– Sim, venceu. A dor fez com que aprendesse.

– Todos os vícios nos levam à dor? – indagou Lauro.

– Depende também do mal que podem causar. Exemplo: se fumamos em local aberto e longe de outras pessoas, só a nós fazemos mal. Se é calúnia, pode-se fazer mal a outros. Há vícios que não são acentuados e por eles não se causou danos maiores, outros são fortes, enraizados e prejudicam muito.

– Tenho uma irmã que nasceu muda. Tive tanta pena dela – falou Nair triste. – Quando desencarnei quis saber o porquê. Esse fato me incomodou muito por achá-lo injusto. Meu pai, que há muito tempo estava desencarnado, disse que ela na encarnação passada fora uma caluniadora. Fez muitas intrigas prejudicando muitos. Desencarnou, sofreu bastante e o remorso destrutivo danificou suas cordas vocais, e reencarnou muda.

– Como já foi dito, quem abusa do que tem perfeito pode por determinado tempo tê-lo deficiente. Cada caso é um caso. Nem todos os mudos foram caluniadores. As causas podem ser diferentes para o mesmo efeito.

– Ela irá falar ao desencarnar? – Nair perguntou.

– Dependerá dela; se for boa nesta reencarnação, terá o socorro e logo estará falando. Se não for, vagará, ou irá para o Umbral, continuando muda até que seja socorrida.

– Tenho um amigo – disse Joaquim – que atualmente trabalha comigo no Posto de Socorro. Disse-me que sofreu muito ao desencarnar por dois vícios, o jogo e o fumo. Desencarnou e queria continuar a fumar e a jogar cartas. Ele teme que, ao reencarnar, continue nos vícios.

– Não se deve reencarnar com medo. Diga a ele, na próxima oportunidade, para continuar trabalhando e, se possível, estudar. Só reencarnar quando estiver seguro.

– Estando seguro não irá cair no vício novamente? – Joaquim indagou.

– É uma garantia a mais. Se mesmo os mais preparados podem errar novamente, imaginem os que acham que irão sucumbir.

Na aula prática, fomos visitar, na Colônia, a ala do hospital onde ficam os que se desintoxicam do fumo e do álcool. Estão todos separados. Primeiramente fomos visitar os que fazem um tratamento para se desintoxicar do fumo e que foram pessoas boas, algumas espíritas. Foi agradável a visita, estavam todos conscientes tanto do desencarne como do tratamento. Vimos que todos se mostravam um tanto envergonhados por não terem se livrado do vício quando encarnados.

– Aqui ficam por pouco tempo – disse Frederico.

A segunda enfermaria era de alcoólatras. Infelizmente, o álcool danifica muito mais o perispírito. Conversamos com alguns deles e os animamos. Uma senhora me disse:

– Estou envergonhada de ter descido tanto por um vício. Encarnada, abandonei meus pais, marido e filhos. Não liguei a afetos, a ninguém. Desencarnei e sofri. Até que, cansada, lembrei-me de Deus, e por muito tempo clamei por ajuda. Mas, sabe, ainda não estou bem, tenho vontade de beber.

Chorou, apiedei-me. Demos-lhe um passe. Ao me concentrar nela, vi que estava aflita, com vontade de se embriagar.

– No começo é assim mesmo – explicou Raimundo. – Mas logo se sentirá melhor. A Colônia lhe proporcionará objetivos sadios, e nada como um objetivo bom, sério, para ajudar a esquecer e a anular um vício.

A enfermaria onde estão os recém-socorridos que foram viciados no álcool é de causar tristeza. Estavam todos marcados de tal forma, que os perispíritos se mostravam deformados. Oramos e demos passes, a maioria estava alheia, com olhares abobalhados.

Os viciados em tóxicos estão em ala separada, no hospital. É fechada e não podem sair sem permissão.

No jardim que faz parte dessa ala ficam os que estão para receber alta. Reunimo-nos a eles. Já estavam com o perispírito reconstituído e então conversamos. Queriam saber como são as outras dependências da Colônia em que estudávamos. Não gostam de falar de si nem de tóxicos. Esse fato lhes traz recordações ruins. Depois fomos ver os das enfermarias. Não é agradável olhá-los. Muitos jovens ali estavam deformados, uns com aspectos de animais, na maioria dementes, uns nem falavam, uivavam. É difícil dialogar com os que estão nesse estado, eles não entendem.

– Frederico – indagou Glória –, todos se recuperam?

– Infelizmente, não. Muitos desses irmãos não sustentaram somente o vício do tóxico, foram também agressivos, maledicentes, preguiçosos, cometeram muitos erros; o vício e o remorso destrutivos danificaram de tal forma o perispírito que não podemos recuperá-los desencarnados. Só um corpo novo, na matéria, os ajudará.

– Como deficientes físicos? – indagou Glória, espantada.

– Sim. Eles mesmos se danificaram. A reencarnação será uma bênção que irá curá-los.

Visitamos uma parte da escola onde há orientação psicológica que ajuda na libertação dos vícios, porém, para viciados em tóxicos há uma ala própria no hospital. Bem interessante, os orientadores são muito simpáticos e instruídos. Atendem com hora marcada. Como não queríamos interromper nem vexar os consultantes, a visita foi rápida. Raimundo comentou:

– Todos temos sempre ajuda, que nos facilita deixar o vício. Basta querer.

Um senhor, na sala de espera, conhecia Raimundo e foi cumprimentá-lo. Muito simpático, cumprimentou-nos sorrindo e disse:

– Queira Deus que nenhum de vocês passe pelo que passei. Por mentir, sofri muito. Tenho horror de mentir e sinto-me sufocado só em pensar em voltar a fazê-lo. Estou em tratamento aqui na escola. Quero tanto me libertar do vício da mentira, e também do horror que tenho de voltar a fazê-lo. Tenho que me equilibrar.

Ao sairmos, Marcela comentou com Raimundo:

– O horror de voltar a mentir pode lhe causar mal?

– Sim, pode. Odiar, ter horror, não é bom, por nada. Devemos evitar os vícios com compreensão. Não é fácil abandonar um vício, necessita-se primeiro de se conscientizar que o tem, depois fazer tudo para se libertar dele. Quando encarnados, provamos que estamos libertos dele, ou empenhamos nossa luta para vencê-lo. Esse senhor teme que ao reencarnar volte a mentir e sofra tudo novamente. Mas, com a orientação que tem recebido, terá grande chance de compreender e aprender. Quem aprende e põe em prática supera o vício.

Não viemos ver viciados, encarnados. Seria mais fácil ver os que não têm vício, pois são tão poucos. Vícios ainda, infelizmente, fazem parte da vida dos terráqueos.

Voltamos à sala de aula para assistir aos filmes sobre tóxicos. Conhecemos as plantas que os contêm, como se refina. Vimos como as drogas percorrem o organismo e o que ocorre com o cérebro; como se torna um dependente.

– Como drogas fazem mal ao corpo e ao espírito! – exclamou Cida, tristemente. – Como as drogas fazem escravos!

Depois observamos muitos núcleos, cidades no Umbral, onde se reúnem os viciados em drogas. Esses núcleos, normalmente, não são muito enfeitados, mas bem fechados, não se entra ou sai dali com facilidade. Os filmes foram feitos por socorristas que, disfarçados, entraram e filmaram tudo. São cercados por altos e fortes muros, seus prédios têm poucas janelas e quase todas com grades; o terrível são os porões onde estão as prisões.

Nesses núcleos, há os chefes que quase sempre não são viciados em tóxicos; lá existem muitos guardas e também estudiosos no assunto. Há laboratórios onde se realizam pesquisas. Salões de festas e palestras. Há um local que denominam escola, onde se aprende a vampirizar, a obsedar, a vingar-se, a intuir os encarnados invigilantes a usar drogas. Os núcleos têm sempre bibliotecas, onde, além da péssima literatura, são encontrados muitos livros e revistas sobre tóxicos. Esses núcleos têm como finalidade incentivar e exercitar os vícios do fumo, de bebidas, e também os abusos da sexualidade. Tudo é sujo e de causar repulsa.

No Brasil, há agrupamentos assim, de diversos tamanhos. Os maiores são os do espaço espiritual da cidade do Rio de Janeiro e de São Paulo.

Entendi o porquê de as drogas deformarem tanto. Um drogado não liga para nada, vai decaindo cada vez mais. Vimos muitos núcleos e fiquei com muita pena.

– Aqui estão Marcelo e Fábio, dois ex-drogados, ex-moradores do Vale das Bonecas. Vieram responder a algumas indagações e conversar conosco.

Surpresa agradável, os dois eram jovens, alegres e simpáticos. Fábio foi logo dizendo:

– Eu era assim antes de me viciar, depois virei um farrapo humano. Desencarnei de tanto drogar-me. Vivi no Vale por um bom tempo. Mas minha família, muito católica, orava com fé por mim. A oração vinha até mim a iluminar-me, dando lances de clareza, aí me dava vontade de mudar. Um dia, ao vampirizar um jovem, fomos, a turma e eu, cercados por um grupo de estudantes como vocês. Pedi socorro, eles me levaram para o hospital, fui internado e tratado por longo tempo. Agora estou servindo à comunidade que me abrigou.

– Que sentia quando estava no Vale? – Glória indagou.

– Só pensava em me drogar. Desencarnado, sentia mais falta da droga. Fazia tudo o que mandavam para ter a droga.

– Você ficou muito deformado? – Ivo quis saber.

– Sim. Um dia, ao estar num quarto com um encarnado para juntos usufruirmos da cocaína, olhei no espelho e me assustei. Pouco me lembrava de mim sadio.

– Marcelo, e com você o que se deu? Como caiu no vício? – Rosália perguntou.

– Era um tanto vadio, ocioso e me enturmei com outros viciados. Droguei-me dois anos e meio somente. Desencarnei por uma overdose. Fui levado para o Vale. Achei terrível e, no começo, me drogava, mas pouco, somente para enfrentar a barra que é lá. Depois, não quis mais e tentei fugir, fui pego e torturado. Foi horrível, sofri muito. Certo dia, alguns socorristas disfarçados entraram lá, fazem isso periodicamente, e me libertaram. Como queria me livrar do vício, o tratamento foi rápido, e logo sarei.

– Que mais sentiu em tudo isso? – perguntou Marcela.

– Foi a dor que causei a meus pais.

O tóxico é um vício terrível, e as consequências, muito tristes. Por horas os dois ficaram conversando conosco.

Depois, visitamos o Posto de Socorro da região, onde são socorridos, e lá ficam, nos primeiros dias, os viciados em tóxico. Chama-se Posto de Apoio. Muitos trabalhadores moram lá. Não é grande, porém tem cercados e grandes lança-raios. Esse Posto é muito atacado. Está localizado no Umbral. Fomos de aerobus. Seu pátio é bonito, florido, possui flores azuis parecidas com hortênsias e são delicadas. Possui muitos bancos, onde os trabalhadores descansam. Tem uma sala de palestra, refeitório, moradia dos trabalhadores e as enfermarias, espaçosas e muito limpas. Os abrigados são separados, conforme o estado de cada um. Não ficam lá muitos abrigados, já que depois de algum tempo são transportados para a Colônia. Tendo vagas, recebem socorridos de outros locais. Os recém-socorridos viciados são separados dependendo de sua situação. Os leitos para os inquietos, agitados, são cobertos por lençóis magnéticos que prendem o doente ao leito, sem privá-lo de movimentos. Ajudamos os trabalhadores a limpá-los e a alimentá-los. Muitos nem falavam, uivavam como animais.

Para socorrer os intoxicados necessita-se sempre de muitos trabalhadores. Por isso na Colônia estão sempre incentivando a cooperação de todos. Nas folgas e férias dos trabalhadores das Colônias e Postos, como os professores, os médicos etc., muitos se unem a esses abnegados servidores, como multidões a auxiliar os irmãos imprudentes que caíram no vício.

A ajuda não é fácil, porque quase sempre o viciado não quer abandonar o vício.

Nós mesmos fomos com bastante vontade de ajudar, trabalhamos muito e conseguimos poucos resultados, mas esse pouco nos deixou alegres.

Na aula de conclusão não tivemos muito a perguntar. Matéria fácil de entender, mas tão difícil de realizar. São poucos os libertos, muitos tentando libertar-se e grande parte, escravos dos vícios.

Capítulo 20

# Agradecimentos

O dia amanheceu lindo, como todos os dias na Colônia. Ia acontecer nossa última aula: realizado estava nosso curso. Fiquei pensativa. Em minha tela mental apareceram, como num filme, os acontecimentos com que convivemos. Uma emoção carinhosa brotou em minh'alma. Amava todos e, naquele instante, senti que não era uma afeição igual para todos. Mentalizei um de cada vez e vi jubilosa que Deus, ao nos criar, não fez cópias, mas nos deu a capacidade de amar indistintamente, vendo realçar em cada um seus valores especiais. Em um, amava em especial sua espontaneidade; em outro, a capacidade de abnegação; em outro, a simplicidade; noutro, a bondade; e em muitos, a inteligência. Assim, as qualidades natas de cada um resplandeciam aos meus olhos. E pareceu-me que o amor, olhando dessa forma, se multiplicava dentro de mim, muito embora não houvesse como medi-lo.

Ao me lembrar dos professores, senti um respeito profundo. De que forma poderia demonstrar minha gratidão por tudo o que me fizeram, por todos os conhecimentos de que foram portadores e nos transmitiram? Agradecimentos? Não! Era muito pouco pelo tanto que nos fizeram. Não havia pagamento para esse tipo de bem adquirido, o mínimo que poderia fazer era tê-los como exemplo. Daqui para a frente, todos os meus pensamentos e atitudes seriam baseados nas virtudes que eles demonstraram, durante o período em que estivemos juntos.

Meu coração transbordava de amor e afeição, estava feliz. Não a felicidade que, na matéria, procuramos como sinônimo de poder, facilidades e ociosidade. A felicidade que sentia tinha como fruto o desejo ardente de trabalhar, servir, amar intensamente todas as manifestações de meu Deus, pois Ele é tudo para mim, e eu O via em todos os meus amigos, irmãos e instrutores.

Começaram as despedidas, senti profundamente. Alguns do nosso grupo mudariam de trabalho, entusiasmados com outras formas de servir. Todos os pedidos de mudança foram aceitos, deixando-nos contentes. Somente Lauro, Laís e eu continuaríamos a estudar. Só que iríamos nos separar também. Os dois iriam para uma Colônia de Estudo, e eu, para outra.

– Que irá fazer, Patrícia? – indagou Nair.

– Passarei os dias que tenho livre com vovó e a visitar meus familiares. Depois, volto a estudar. Anseio por aprender e conhecer.

Memorizei a conversa que tive com meu amigo Antônio Carlos.

– Patrícia – disse ele –, irei acompanhá-la a uma Colônia de Estudo, onde fará um curso mais profundo do plano espiritual e do Evangelho.

Falou entusiasmado dessa Colônia.

– É linda, nela encontrará grandes amigos. É mais uma etapa; depois, quero levá-la à Casa do Escritor. Local onde estudará, aprenderá a ser uma literata, para ditar aos irmãos encarnados tudo o que vê e aprende.

– Gosta muito da Casa do Escritor, não é? – indaguei.

– Sim, amo muito esse local. É uma Colônia onde irmãos que amam aprender e ensinar se unem em esforço mútuo na divulgação da boa literatura. É maravilhosa!

Na sala de aula, conversamos cerca de meia hora, contentes e tristes ao mesmo tempo. Todos sentiam o término dos estudos. Mas estávamos contentes por tê-lo concluído. Ninguém poderia dizer que era o mesmo de antes, sentíamo-nos enriquecidos.

D. Isaura e Raimundo logo iriam receber outra turma. Frederico voltaria a sua Colônia de Estudo, onde lecionaria determinada matéria no curso de Medicina.

– E Flor Azul?

Ao ser lembrado, esse amigo entrou na sala.

– Peço licença para estar junto de vocês nestes últimos momentos.

Abracei-o demoradamente. Ensaiei antes um agradecimento formal, mas emocionada só consegui dizer:

– Obrigada!

Sorriu com delicadeza e enxugou no meu rosto as duas lágrimas teimosas que saíram dos meus olhos.

– Agora, Flor Azul de Patrícia, volto ao meu trabalho habitual, em tempo integral. Com muito lucro, fiz mais amizades.

Abraçamo-nos e prometemos nos ver.

Raimundo pediu silêncio. Não era, o nosso amigo instrutor, de muito falar. Com um sorriso nos lábios, nos olhou carinhosamente:

– Amigos, agradeço-lhes por terem feito deste estudo um ótimo aprendizado, por terem feito deste trabalho uma ajuda a outros irmãos. Conhecimentos adquiridos são nossos bens, tesouros que nos enriquecem. Foi um prazer conviver com vocês. Espero que coloquem em prática o que aprenderam nestes meses de convivência. Estamos em condições de ajudar, é maravilhoso. Agora vamos unir nossos pensamentos em agradecimentos ao Pai, a quem tudo devemos. O agradecimento deve ser dentro de cada um.

Calou-se por instante, deixando que nosso agradecimento fosse particularizado.

"Pai, agradeço por tudo" – pensei –, "por tudo mesmo. Sou tão feliz, tenho recebido tanto, ajude-me a ser sempre digna de continuar recebendo."

Raimundo, com voz emocionada, orou o Pai-Nosso.

Em seguida, demos vivas, com alegria. Feliz, por ter encerrado mais uma etapa, outro curso dos muitos que ansiava fazer.

*Fim*

---

Ao terminar a leitura deste livro, talvez você tenha ficado com algumas dúvidas e perguntas a fazer, o que é um bom sinal. Sinal de que está em busca de explicações para a vida. Todas as respostas de que você precisa estão nas *Obras Básicas* de Allan Kardec.

---

Se você gostou deste livro, o que acha de fazer com que outras pessoas venham a conhecê-lo também? Poderia comentá-lo com aquelas do seu relacionamento, dar de presente a alguém que talvez esteja precisando ou até mesmo emprestar àquele que não tem condições de comprá-lo. O importante é a divulgação da boa leitura, principalmente a da literatura espírita. Entre nessa corrente!